ESPAÑOL EN ESPAÑOL

TERCERA EDICIÓN

MANUAL PARA ESTUDIANTES

NICOLAS SHUMWAY
YALE UNIVERSITY

Harcourt Brace Jovanovich College Publishers

Fort Worth   Philadelphia   San Diego   New York   Orlando   Austin   San Antonio
Toronto   Montreal   London   Sydney   Tokyo

ISBN: 0-03-055592-2

Copyright © 1992, 1988, 1984 by Holt, Rinehart and Winston, Inc.

All rights reserved. No part of this publication may be reproduced or transmitted in any form or by any means, electronic or mechanical, including photocopy, recording, or any information storage and retrieval system, without permission in writing from the publisher.

Although for mechanical reasons all pages of this publication are perforated, only those pages imprinted with a Holt, Rinehart and Winston, Inc. copyright notice are intended for removal.

Requests for permission to make copies of any additional part of the work should be mailed to: Permissions Department, Harcourt Brace Jovanovich, Publishers, 8th Floor, Orlando Florida 32887.

Address Editorial Correspondence To: Harcourt Brace Jovanovich
301 Commerce Street, Suite 3700
Fort Worth Texas 76102

Address Orders To: Harcourt Brace Jovanovich
6277 Sea Harbor Drive
Orlando Florida 32887
1-800-782-4479, or 1-800-433-0001 (in Florida)

Printed in the United States of America.

456   095   98765

Contenido

Cuaderno de laboratorio

Introduction

The *Manual para estudiantes* consists of two sections: the *Cuaderno de ejercicios escritos* , which begins on page one, and the *Cuaderno de laboratorio*, which begins on page 223. The codes used to identify grammar sections in the textbook (e.g., §5.6 labels the sixth section of chapter five), also identify exercises in the *Cuaderno de ejercicios escritos* and the *Cuaderno de laboratorio*.

The *Cuaderno de ejercicios escritos* also includes sections on vocabulary in each chapter as well as a *Repaso,* or review chapter, after every four regular chapters. Since page breaks almost always correspond to breaks between exercises, you can hand in your written exercises using the workbook pages themselves. Most of the fill-in-the-blank and matching exercises in the *Cuaderno de ejercicios escritos* are duplicated to some degree in the self-correcting, computerized workbook that accompanies *Español en Español.* Although an important tool, the computerized workbook is not intended to replace the written exercises. Open-ended and free-response exercises still need a human corrector. Information on the computer program can be obtained from your school's Harcourt representative.

The *Cuaderno de laboratorio* accompanies the taped exercises. These exercises include work on pronunciation, grammar, vocabulary, listening comprehension and dictation. Chapters 13 through 20 also include review sections. If your laboratory operates on a library system, you may check out tapes and listen to them on your own equipment. Be advised, however, that most language laboratories allow students to record and listen to themselves to a degree usually not possible on personal equipment. Answers for the taped grammar exercises are found on the tapes. Answers not confirmed on the tape (i.e., answers to vocabulary, listening comprehension and dictation exercises) are found at the end of the *Manual.* Your teacher may also make available to you a copy of the complete tapescript which can be obtained from the publisher.

Cuaderno de ejercicios escritos

Nombre: _____ Clase: _____ Fecha: _____

Capítulo 1
La clase de español

1.1 (a) *Complete las oraciones con **un** o **una**.*

1. Es _____ sobre. 2. Es _____ bolsa. 3. Es _____ lápiz. 4. Es _____ pizarra.
5. Es _____ clase. 6. Es _____ portafolio. 7. Es _____ llave. 8. Es _____
dirección. 9. Es _____ periódico. 10. Es _____ coche. 11. Es _____ doctor.
12. Es _____ pared.

(b) *Complete las oraciones con un sustantivo; use su imaginación y no repita los sustantivos.*

1. No es una _____ ; es un _____. 2. No es un _____ ; es
una _____ . 3. No es una _____ ; es un _____. 4. No es una
_____ ; es un _____. 5. No es un _____; es una
_____.

(c) *Complete las oraciones con **otro** u **otra**.*

1. Es _____ expresión. 2. Es _____ luz. 3. Es _____ ventana. 4. Es _____
sobre. 5. Es _____ llave. 6. Es _____ dirección. 7. Es _____ mochila. 8. Es
_____ alumno. 9. Es _____ alumna. 10. Es _____ clase.

1.2 (a) *¿Qué tiene la gente? Complete las oraciones con **tengo, tienes** o **tiene**.*

1. Roberto _____ un perro. 2. ¿ _____ tú mi llave en tu bolsillo?
3. Carlos no _____ dinero en su cartera. 4. ¿ _____ Ud. una pregunta?
5. Yo no _____ teléfono. 6. ¿ _____ Laura un amigo en su clase de
química? 7. ¿ _____ tu papá tu dirección? 8. ¿ _____ ella un reloj?

(b) *Conteste las preguntas. Omita el sujeto en su respuesta.*

1. ¿Tiene Ud. una casa o un departamento?

_____

Copyright © 1992 by Holt, Rinehart and Winston, Inc. All rights reserved.

2. ¿Qué tienes en tu mochila?

_____

3. ¿Tiene tu papá un coche o una bicicleta?

_____

4. ¿Tiene tu profesor/a de español un coche o un tanque?

_____

5. ¿Tienes mucho dinero en el banco?

_____

1.3   *(a) Complete las oraciones con **el** o **la**.*

1. Es _____ silla de Gregorio. 2. Es _____ mochila de Berta. 3. Es _____ oración de Isabel. 4. Tengo _____ lápiz de Víctor. 5. Marisela tiene _____ llave de Manuel. 6. ¿Quién tiene _____ bicicleta de Carlos? 7. Es _____ cartera de Mario. 8. Tengo _____ coche de mi madre.

*(b) Complete las oraciones con **el otro** o **la otra**.*

1. Es _____ clase de español. 2. Tengo _____ cartera hoy. 3. Es _____ llave de la casa. 4. Repita _____ oración, por favor. 5. ¿Tienes _____ cuaderno de Marisela? 6. ¿Quién tiene _____ reloj de Juan?

*(c) Complete las oraciones con **el** o **la** si es necesario.*

1. Es _____ Sra. Durán. 2. Es _____ Josefina. 3. —¿Cómo está Ud. _____, Sra. Sánchez. 4. —Buenas tardes, _____ María. 5. _____ presidente Burgos es mi amigo. 6. Es _____ doctora Peña.

Copyright © 1992 by Holt, Rinehart and Winston, Inc. All rights reserved.

1.4 *Complete las oraciones con **el, la, de la, del** o **de** si es necesario.*

1. Es _____ pizarra _____ clase. 2. Es _____ tiza _____ profesora. 3. _____ Sr. López es _____ profesor _____ clase. 4. Es _____ dirección _____ Sra. Palacios. 5. Es _____ libro _____ español _____ Juan. 6. Repita _____ respuesta _____ Adolfo. 7. Tengo _____ cartera _____ Julia. 8. ¿Quién tiene _____ anillo _____ Sr. Vargas? 9. Julio tiene _____ coche _____ Sr. García. 10. Es _____ clase _____ sociología _____ profesora Méndez.

1.5 *(a) Estudie el dibujo y conteste las preguntas con oraciones completas.*

1. ¿Dónde está la bolsa de Sofía?

_____

2. ¿Dónde está Miguel con relación a Diana?

_____

3. ¿Qué tiene Diana en la mano?

_____

Copyright © 1992 by Holt, Rinehart and Winston, Inc. All rights reserved.

4. ¿Está debajo de la mesa el perro?

_____

 5. ¿Quién está junto a la ventana?

_____

6. ¿Dónde está el libro de Miguel?

_____

7. ¿Está Diana en casa o en clase?

_____

8. En el dibujo, ¿tiene Diana una bolsa?

_____

(b) Estudie el dibujo y conteste las preguntas. Omita el sujeto en la respuesta. El sujeto está en negrilla.

1. ¿Dónde está **Diana** con relación a Miguel y a Sofía?

_____

2. ¿Dónde está **la ventana** con relación a Diana?

_____

3. ¿Está encima de la mesa **el gato**?

_____

4. ¿Dónde está **el lápiz de Sofía**?

_____

5. ¿Dónde está **Sofía** con relación a Diana?

_____

6. ¿Dónde está **el papel de Sofía**?

_____

7. ¿Qué tiene en la mano **Miguel**?

_____

8. ¿Dónde está **el perro** con relación a la mesa?

_____

     Copyright © 1992 by Holt, Rinehart and Winston, Inc. All rights reserved.

Nombre: _____ Clase: _____ Fecha: _____

Vocabulario

(a) ¿Qué frase de la segunda columna se combina con la frase de la primera columna?

1. una palabra
2. una bolsa
3. una pluma
4. quién
5. una oración
6. un anillo
7. una tiza
8. una respuesta
9. un bolsillo
10. ¿qué tal?

a ___ el contrario de una pregunta

b. ___ se usa para escribir en la pizarra

c. ___ símbolo del matrimonio

d. ___ parte de una frase

e. ___ ¿cómo está usted?

f. ___ parte de un pantalón

g. ___ palabra interrogativa para una
persona

h. ___ un instrumento para escribir

i. ___ similar a una mochila

j. ___ un grupo de palabras con sujeto y
verbo

(b) Conteste las preguntas.

1. ¿Cuál de las palabras a continuación no se asocia con el transporte?

    a. una motocicleta
    b. un coche
    c. un techo
    d. una bicicleta

2. ¿Cuál de las palabras a continuación no es una posesión personal?

    a. un reloj
    b. una pared
    c. un anillo
    d. una cartera

3. ¿Cuál de las palabras a continuación no es una persona?

    a. la cadena
    b. la mujer
    c. el hombre
    d. la estudiante

Copyright © 1992 by Holt, Rinehart and Winston, Inc. All rights reserved.

4. ¿Cuál de los objetos a continuación no es común en la clase?

    a. el cuaderno
    b. el pupitre
    c. la tiza
    d. el coche

5. ¿Cuál de las palabras a continuación no es un título?

    a. profesora
    b. ventana
    c. señora
    d. doctora

Copyright © 1992 by Holt, Rinehart and Winston, Inc. All rights reserved.

Capítulo 2
Los amigos y la familia

2.1 *(a) Usando formas del verbo **estar**, Adriana describe su clase de español para unos amigos. ¿Qué dice?*

1. Yo _____ en la clase del profesor Arias. 2. Tú _____ a mi izquierda y Mario _____ a mi derecha. 3. La mesa _____ en medio de la clase. 4. El mapa _____ en la pared. Es un mapa de España. 5. En el mapa, Madrid _____ en el centro del país. 6. Bilbao _____ lejos de Sevilla. 7. Avila _____ cerca de Salamanca. 8. ¿Dónde _____ tú con relación al mapa? 9. ¿Dónde _____ Barcelona con relación a Valencia? 10. Yo _____ muy contenta en la clase de español.

(b) Escriba oraciones originales con las preposiciones a continuación.

1. a la izquierda de

_____

2. cerca de

_____

3. sobre

_____

4. a la derecha de

_____

5. después de

_____

6. lejos de

_____

7. antes de

_____

Copyright © 1992 by Holt, Rinehart and Winston, Inc. All rights reserved.

8. en medio de

_____

2.2   *Escriba la forma correcta de la palabra que está entre paréntesis. Después complete la oración según el modelo.*

MODELO   **La ventana no está _____ (abierto); ...**
La ventana no está abierta; está cerrada.

1. La puerta no está _____ (abierto); ...

_____

2. El piso no está _____ (sucio); ...

_____

3. Carlota no está _____ (mal); ...

_____

4. María no está _____ (triste); ...

_____

5. Micaela no está _____ (presente); ...

_____

6. No estoy _____ (nervioso); ...

_____

7. Elisa no está _____ (enfermo); ...

_____

8. La taza no está _____ (vacío); ...

_____

9. La ventana no está _____ (limpio); ...

_____

10. Ricardo no está _____ (de buen humor); ...

_____

   Copyright © 1992 by Holt, Rinehart and Winston, Inc. All rights reserved.

Nombre: _____ Clase: _____ Fecha: _____

2.3 *(a) Luis describe cómo son sus amigos, su familia y él. ¿Qué dice?*

1. Mi padre _____ alto y fuerte. 2. Mi madre _____ inteligente y vivaz.
3. Yo _____ como ellos -- alto, fuerte, inteligente y vivaz. 4. Yo _____
modesto también. 5. Tú _____ mi mejor amigo porque _____ interesante
y simpático.

(b) Complete las oraciones con la forma correcta de ser o estar.

1. Yo no _____ enfermo. 2. Ud. _____ práctico. 3. El español no _____ difícil.
4. Tú no _____ nerviosa, ¿verdad? 5. La ventana _____ abierta. 6. Mi hermana no
_____ sentada. 7. Tu mamá _____ muy generosa. 8. Mi coche _____ sucio. 9. Yo
_____ cansada hoy. 10. La familia de Fernando _____ rica.

*(c) Escriba oraciones originales con **ser** o **estar** y los elementos a continuación.*

MODELO   **yo/inteligente --> Yo soy muy inteligente.**

1. Miguel/cansado

_____

2. Raquel/triste

_____

3. Luis/mexicano

_____

4. la clase/difícil

_____

5. la luz/prendida

_____

6. el piso/sucio

_____

7. Patricio/mi amigo

_____

8. Margarita/alta y vivaz

_____

Copyright © 1992 by Holt, Rinehart and Winston, Inc. All rights reserved.

9. tú/joven y rubia

_____

10. la casa/pequeña

_____

2.4 *(a) Complete las oraciones con la forma correcta de la palabra que está en negrilla.*

1. Mario es **italiano**; Renata es _____ también. 2. Jean-Claude es **francés**; Louise es _____ también. 3. La Sra. Edwards es **policía**; su esposo es _____ también. 4. La Sra. Ching es **budista**; su esposo es _____ también. 5. Yo soy **aristócrata**; mi familia es _____ también. 6. Horacio es **español**; Laura es _____ también. 7. David es **protestante**; su novia es _____ también. 8. Armando es **liberal**; su familia es _____ también. 9. Eva es **alemana**; su novio es _____ también. 10. El Sr. Díaz es muy **conservador**; su hija es _____ también. 11. Yo soy **artista**; mi amigo Santiago es _____ también. 12. Inés es **canadiense**; Joaquín es _____ también.

*(b) Escriba las oraciones de nuevo (**de nuevo** = otra vez) según el modelo.*

MODELO   Ana es católica. (devoto) --> **Ana es una católica devota.**

1. Carlos es socialista. (ardiente)

_____

2. Gloria es profesora. (excelente)

_____

3. Samuel es judío. (ortodoxo)

_____

4. Luisa es secretaria. (competente)

_____

5. Margarita es economista. (ambicioso)

_____

Copyright © 1992 by Holt, Rinehart and Winston, Inc. All rights reserved.

Nombre: _____ Clase: _____ Fecha: _____

2.5   *Escriba una oración en plural con los elementos a continuación.*

MODELO   zapato / negro --> **Los zapatos son negros.**

1. falda / gris _____

2. vestido / amarillo y verde _____

3. blusa / japonés _____

4. calcetín / azul _____

5. explicación / completa y comprensible _____

6. luz / rojo _____

7. cinturón / negro _____

8. joven / feliz _____

9. camisa / gris _____

10. vino / francés _____

11. camisa / morado y verde _____

12. coche / alemán _____

2.6   *(a) Escriba oraciones usando la preposición **de** y los elementos a continuación.*

MODELO   **mi mesa / madera --> Mi mesa es de madera.**

1. Alberto / Panamá _____

2. el televisor / mi compañero _____

3. las blusas de Maga / algodón _____

4. mi coche / Alemania _____

5. las ventanas / madera y vidrio_____

(b) Conteste las preguntas con oraciones completas.

1. ¿De dónde eres?

_____

2. ¿De dónde es tu papá?

_____

3. ¿De dónde es tu familia originalmente?

_____

4. ¿De qué es tu pantalón?

_____

Copyright © 1992 by Holt, Rinehart and Winston, Inc. All rights reserved.

5. ¿De quién es la pizarra en la clase de español?

_____

6. ¿De qué es tu reloj?

_____

7. ¿Dónde estás ahora?

_____

8. ¿De dónde es tu amiga favorita?

_____

2.7 *Escriba la suma (o la resta) y el resultado con palabras.*

1. 41 + 21 =

_____

2. 79 - 53 =

_____

3. 100 - 74 =

_____

4. 90 - 61 =

_____

5. 88 - 66 =

_____

6. 13 + 16 =

_____

7. 22 + 26 =

_____

8. 33 + 29 =

_____

Copyright © 1992 by Holt, Rinehart and Winston, Inc. All rights reserved.

Vocabulario

(a) Combine las palabras en la primera columna con su contrario en la segunda columna.

1. bajo
2. cerca
3. simpático
4. sentado
5. flaco
6. enfermo
7. interesante
8. fuerte
9. grande
10. inteligente

a. ___ aburrido
b. ___ bruto
c. ___ alto
d. ___ débil
e. ___ lejos
f. ___ sano
g. ___ antipático
h. ___ gordo
i. ___ de pie
j. ___ pequeño

(b) Conteste las preguntas.

1. ¿Cuál de los términos no se asocia con la religión?

   a. judío
   b. ateo
   c. químico
   d. mahometano

2. ¿Cuál de los términos no se asocia con la política?

   a. anarquista
   b. socialista
   c. ingeniero
   d. demócrata

3. ¿Cuál de los términos es una profesión?

   a. morena
   b. vieja
   c. contadora
   d. enferma

Copyright © 1992 by Holt, Rinehart and Winston, Inc. All rights reserved.

4. ¿Cuál de los términos no se refiere a una condición física?

   a. enfermo
   b. sano
   c. abogado
   d. flaco

5. ¿Cuál de los términos no se refiere a ropa masculina y femenina?

   a. falda
   b. gorro
   c. sandalia
   d. abrigo

6. ¿Cuál de los térnimos no es un color?

   a. amarillo
   b. morado
   c. saco
   d. gris

Copyright © 1992 by Holt, Rinehart and Winston, Inc. All rights reserved.

Capítulo 3
La vida estudiantil

3.1 *(a) Miguel explica cómo y dónde están ciertas personas. Complete sus oraciones.*

1. Nosotros _____ así así. 2. María _____ bien pero cansada. 3. Mis padres _____ contentos. 4. Vosotros _____ contentos en mi casa, ¿verdad? 5. Mimí y Ricardo _____ en Buenos Aires. 6. Tú _____ triste porque _____ solo. 7. Yo _____ cansado pero contento. 8. Margarita y yo _____ en casa.

(b) Luisa explica cómo son ciertas personas. Complete sus oraciones.

1. Mis padres _____ liberales. 2. Mi amiga Clara _____ alta.
3. Nosotras _____ rubias. 4. Tú _____ una excelente amiga.
5. Vosotros _____ inteligentes.

*(c) Complete las oraciones con personas o cosas reales y una forma de **ser** o **estar**.*

Ejemplos   **franceses --> Los vinos son franceses.**
             abogada   --> La Sra. Brooks es abogada.
             contentas --> Elena y Marisela están contentas.

1. chileno _____

2. azules _____

3. enfermas _____

4. negras _____

5. nerviosos _____

6. rosada _____

7. cerradas _____

8. grises _____

9. alto _____

10. tranquila_____

Copyright © 1992 by Holt, Rinehart and Winston, Inc. All rights reserved.

3.2 *(a) Pedro es un gran consumidor y, como todo consumidor, es muy consciente de las posesiones de otra gente. Complete sus oraciones con una forma de* **tener**.

1. Yo _____ un coche alemán de ocho cilindros. 2. Mi tío _____ una computadora DEC. 3. Nosotros _____ una casa en los suburbios. 4. Mis hermanas _____ ropa importada. 5. Mis amigos _____ un Porsche. 6. Vosotros no _____ ropa barata. 7. Mi amigo Ricardo _____ una corbata de seda. 8. ¿Qué _____ tú?

(b) Invente una pregunta para las respuestas a continuación. Use una forma de **tener** *en su pregunta.*

1. Ricardo tiene un pantalón de cuero.

_____

2. Los Otero tienen un bebé muy bonito.

_____

3. Sí, tenemos un profesor de química muy duro.

_____

4. Sí, tengo un coche viejo pero bueno.

_____

5. Sí, tienes mi dirección en tu agenda.

_____

Copyright © 1992 by Holt, Rinehart and Winston, Inc. All rights reserved.

Nombre: _____ Clase: _____ Fecha: _____

3.3 *Escriba la forma correcta del adjetivo posesivo que corresponde a la palabra en negrilla para completar las oraciones de la gente a continuación.*

1. *Horacio describe su vida:* —**Yo** estoy en la clase de español. _____ libros están en _____ pupitre y _____ mochila está en el piso. _____ amigas Elsa y Anita están en la clase también.

2. *La profesora Pérez saluda al profesor de biología:* —¿Cómo está **usted**? ¿Y cómo está _____ mujer? ¿Y _____ hijos? _____ llaves están en _____ coche, ¿verdad? Y _____ coche está cerrado, ¿verdad? Obviamente, _____ vida es difícil.

3. *Pepito describe a Bozo el Payaso:* —Allí está **Bozo**. _____ camisa es amarilla, _____ zapatos son azules, _____ calcetines son rojos, _____ corbata es rosada y _____ pantalón es verde y negro. ¡Qué mal gusto!

4. *Maga y Mauricio describen su vida:* —**Nosotros** estamos en la universidad. _____ universidad es grande y _____ biblioteca es excelente. _____ profesores son buenos pero exigentes. _____ tarea es complicada pero las explicaciones que están en _____ libro son muy claras.

5. *Miguel conversa con Ana y Raquel:* —**Ustedes** tienen un curso de francés, ¿verdad? ¿Quién es _____ profesor? ¿Cómo es _____ libro? ¿Son difíciles _____ ejercicios? ¿En qué edificio tienen _____ clase? ¿Quiénes son _____ compañeras?

6. *Luisa describe a sus vecinos:* —¿Dónde están **los señores Pérez** hoy? No están en _____ casa con _____ hijos y con _____ amigos. _____ coche no está en _____ garage, pero _____ bicicletas están en la calle.

7. *Aída conversa con unos amigos de España:* —**Vosotros** sois estudiantes de Madrid, ¿verdad? ¿Cómo es _____ universidad? ¿Son _____ compañeros de estudio españoles o extranjeros? ¿Son interesantes _____ clases? ¿Son de España todos _____ libros? ¿Es simpático _____ profesor de inglés?

Copyright © 1992 by Holt, Rinehart and Winston, Inc. All rights reserved.

3.4 *Escriba las oraciones de nuevo con uno de los adverbios de la lista: **demasiado,
muy, bastante, algo, poco, no ... nada** y **tan**. Use cada adverbio por lo menos
(**por lo menos** = at least) una vez.*

1. La química es difícil.

_____

2. La geografía es interesante.

_____

3. Nuestro laboratorio de lenguas es moderno.

_____

4. El poliéster es elegante.

_____

5. La ropa de seda es barata.

_____

6. Las motocicletas son peligrosas.

_____

7. La nota C es buena.

_____

8. Las lenguas extranjeras son fáciles.

_____

9. La sociología es aburrida.

_____

10. Los pantalones de cuero son caros.

_____

Copyright © 1992 by Holt, Rinehart and Winston, Inc. All rights reserved.

Nombre: _____ Clase: _____ Fecha: _____

3.5 *Escriba una comparación con los elementos a continuación.*

EJEMPLOS   **nuestra clase / inteligente / la otra clase**
—> **Nuestra clase es más inteligente que la otra clase.**
—> **Nuestra clase es tan inteligente como la otra clase.**

1. el algodón / caro / la lana

_____

2. las camisas de poliéster / buenas / las camisas de algodón

_____

3. mis amigos / interesantes / tus amigos

_____

4. La nota C / buena / la nota B

_____

5. Paraguay / pequeño / Argentina

_____

6. México / cerca de los Estados Unidos / Panamá

_____

 7. Mi padre / viejo / mi madre

_____

8. la química / difícil / la astronomía

_____

9. la psicología / respetada / la física

_____

10. La nota F / mala / la nota D

_____

3.6 *(a) Escriba las horas con palabras.*

MODELO   **2:10 a.m. —> Son las dos y diez de la madrugada.**

1. 1:00 p.m.

_____

2. 12:00 a.m.

_____

Copyright © 1992 by Holt, Rinehart and Winston, Inc. All rights reserved.

3. 7:30 p.m.

_____

4. 8:45 p.m.

_____

5. 9:15 a.m.

_____

6. 12:00 p.m.

_____

7. 4:22 a.m.

_____

8. 12:55 p.m.

_____

(b) Conteste las preguntas con oraciones completas.

1. ¿Es por la mañana o por la tarde su clase de español?

_____

2. ¿A qué hora comienza la clase?

_____

3. ¿A qué hora termina la clase?

_____

4. Por lo general, ¿dónde está Ud. a las cuatro de la mañana?

_____

5. ¿A qué hora está más intenso el tráfico en su ciudad?

_____

6. ¿Qué hora es ahora?

_____

7. ¿Hasta que hora está abierto el banco en su ciudad?

_____

8. ¿Está Ud. en clase a las siete de la mañana?

_____

9. ¿A qué hora es su primera clase?

_____

Copyright © 1992 by Holt, Rinehart and Winston, Inc. All rights reserved.

3.7   *(a) Combine las oraciones a continuación con* **que**.

MODELO   **La lámpara está en la mesa. La lámpara está sucia.**
—> La lámpara que está en la mesa está sucia.

1. La mujer está con mi tía. La mujer tiene una casa enorme.

_____

2. El joven está en la cama. El joven está enfermo.

_____

3. La biblioteca tiene una colección importante. La biblioteca está cerca de mi casa.

_____

4. La chica es budista. La chica está sentada al lado de Jorge.

_____

5. Tengo un excelente perro. Es bruto pero simpático.

_____

6. Las chicas están al lado de Jorge.   Son sus hermanas.

_____

7. Los estudiantes tienen un examen mañana. Están preocupados.

_____

8. Las blusas están sucias. Son de algodón.

_____

(b) Con **dice que***, reporte qué dice la gente a continuación.*

MODELO   **Maga: —Tengo mucho dinero en el banco.**
—> Maga dice que tiene mucho dinero en el banco.

1. Roberto: —Mi casa tiene tres puertas.

_____

2. Miguel y Jorge: — Nuestra prima es francesa.

_____

3. Maga. —Mi bolsa es una Gucci.

_____

4. El presidente: —Los senadores no comprenden nada de economía.

_____

Copyright © 1992 by Holt, Rinehart and Winston, Inc. All rights reserved.

5. Victoria: —Mi abogada es famosa.

_____

6. Los estudiantes: —Nuestra profesora es excelente.

_____

Vocabulario

¿Qué elemento de la segunda columna corresponde a los elementos de la primera?

1. chica

2. marca

3. ropa

4. nota

5. país

6. barato

7. lindo

8. corto

9. en punto

10. lengua

11. materia

12. extranjero

a. ____ en la hora exacta

b. ____ Cuba, España, etc.

c. ____ mujer joven

d. ____ no caro

e. ____ abrigo, blusa, etc.

f. ____ ruso, alemán, etc.

g. ____ Ford, Honda, Arrow, etc.

h. ____ química, historia, etc.

i. ____ no de este país

j. ____ no largo

k. ____ bruto

l. ____ bonito

m. ____ A, C+, etc.

Copyright © 1992 by Holt, Rinehart and Winston, Inc. All rights reserved.

Capítulo 4
Actividades y espectáculos

4.1 *(a) Describa las actividades de la gente a continuación durante los fines de semana.*

1. Luisa (hablar) _____ con sus padres por teléfono. 2. Luis (trabajar) _____ en un hospital que está en el centro. 3. Nosotros (visitar) _____ el jardín zoológico. 4. Tú (comprar) _____ comida en el supermercado. 5. María y Mario (estudiar) _____ en la biblioteca. 6. Vosotros (tomar) _____ el tren a la ciudad. 7. Yo (ganar) _____ dinero porque (trabajar) _____ horas extras. 8. Ricardo y yo (conversar) _____ sobre temas cósmicos.

(b) Escriba una oración original con los elementos a continuación.

1. yo hablar

_____

2. mis amigos tomar

_____

3. vosotros estudiar

_____

4. los profesores trabajar

_____

5. Marisa llegar

_____

6. el televisor funcionar

_____

7. Uds. ganar

_____

8. nosotros comprar

_____

Copyright © 1992 by Holt, Rinehart and Winston, Inc. All rights reserved.   25

4.2   *(a) Complete las oraciones con* **el** *o* **los** *si es necesario. Note que algunas de las oraciones ya están completas.*

1. Siempre estudio en la biblioteca _____ sábados. 2. Tengo mi laboratorio de geología _____ jueves por la tarde. 3. Hoy es _____ lunes. 4. La fiesta de Mariana es _____ viernes. 5. ¿Trabajáis _____ próximo martes? 6. Mañana es _____ domingo. 7. Siempre pasamos _____ domingos con mi abuela. 8. ¿Hasta qué hora está abierto el banco _____ martes?

(b) Conteste las preguntas con oraciones completas.

1. ¿Qué días estudias en la biblioteca?

_____

2. ¿Qué días trabajan Uds. en el laboratorio de lenguas?

_____

3. ¿Dónde está tu familia los domingos?

_____

4. ¿Qué día es tu próxima clase de español?

_____

5. ¿Qué día es hoy?

_____

6. ¿Cuál es tu día favorito?

_____

7. ¿Por qué?

_____

8. ¿Dónde nadáis?

_____

   Copyright © 1992 by Holt, Rinehart and Winston, Inc. All rights reserved.

Nombre: _____ Clase: _____ Fecha: _____

4.3   *(a) Complete las oraciones con un adverbio derivado de la palabra entre paréntesis.*

1. El policía habla (serio) _____ con el muchacho. 2. Conversamos (frecuente) _____ en la cafetería. 3. Los mecánicos trabajan (eficaz) _____ . 4. Los muchachos caminan (rápido) _____ . 5. Don Tremendón habla (constante) _____ . 6. (General) _____ los estudiantes fuman poco. 7. Luz contesta las preguntas (atento) _____ . 8. (Feliz) _____ no tenemos examen mañana.

*(b) Invierta el orden de **bueno, malo** y sus formas.*

MODELO   **Carlos es un chico bueno. —> Carlos es un buen chico.**

1. Creo que Ricardo va a ser un presidente bueno.

_____

2. No comprendo por qué Ud. dice que Nicolás es un chico malo.

_____

3. Gumersinda y Tremendina no son malas personas.

_____

4. Esa es una buena película.

_____

5. Roberto es un actor bueno.

_____

*(c) Seleccione una forma de **largo** o **grande** equivalente a las indicaciones entre paréntesis. (Preste atención a la posición de **grande** y sus formas.).*

1. La reina es una mujer *(noble)*.

_____

2. Mis tíos comen mucho y son personas *(enormes)*.

_____

3. Miguel es un buen jugador de baloncesto porque tiene brazos *(de mucha extensión)*.

_____

4. Borges y García Márquez son escritores *(eminentes)*.

_____

Copyright © 1992 by Holt, Rinehart and Winston, Inc. All rights reserved.

5. Tienes que escribir una composición más *(extensa)*.

_____

6. *Don Quijote* es una novela *(de mucho valor)*.

_____

4.4   *(a) Complete las oraciones con una forma de **este**.*

1. ¿Cómo se llaman _____ flores. 2. _____ colinas son hermosas. 3. ¿De quién es _____ piscina? 4. ¿Cuántos habitantes hay en _____ país? 5. Son lindas las flores de _____ jardín.

*(b) Complete las oraciones con una forma de **ese**.*

1. ¿Quién es _____ mujer? 2. _____ montañas son muy altas. 3. _____ árboles son importados. 4. Tengo una habitación en _____ hotel. 5. ¿Es privada _____ calle?

*(c) Complete las oraciones con una forma de **aquel**.*

1. _____ torres son de la Iglesia de San Pablo. 2. _____ edificios son del gobierno. 3. Siempre compramos gasolina en _____ estación de servicio. 4. _____ hombre está muy loco.
5. _____ fuente es la más hermosa de la ciudad.

Copyright © 1992 by Holt, Rinehart and Winston, Inc. All rights reserved.

Nombre: _____ Clase: _____ Fecha: _____

4.5 *(a) Escriba oraciones con **hay** usando los elementos a continuación.*

MODELO   en el árbol / un gato —> **Hay un gato en el árbol.**

1. en la plaza / una fuente enorme

_____

2. encima de la colina / una iglesia

_____

3. en el gimnasio / una piscina

_____

4. en el desierto / animales raros

_____

5. detrás del palacio municipal / una torre

_____

6. enfrente del hotel / varios taxis amarillos y negros

_____

7. en la próxima esquina / estación de gasolina

_____

8. en medio de la ciudad / un parque

_____

9. en la calle / gente muy interesante

_____

10. una carretera nueva / que pasa por las montañas

_____

*(b) Con los sujetos a continuación, invente frases usando **hay** o una forma de **estar**.*

1. pocas flores

_____

2. mi jardín

_____

3. los lagos más grandes

_____

4. un patio hermoso

_____

Copyright © 1992 by Holt, Rinehart and Winston, Inc. All rights reserved.

5. cincuenta alumnos nuevos

_____

6. demasiados coches

_____

7. nuestro hotel

_____

8. una nueva carretera

_____

9. varias calles

_____

10. esas montañas

_____

30

Copyright © 1992 by Holt, Rinehart and Winston, Inc. All rights reserved.

4.6   *Escriba con palabras.*

1. 101 rosas

_____

2. 421 árboles

_____

3. 10.500 habitantes

_____

4. 2.000.000 soldados rusos

_____

5. 503 páginas

_____

6. 3.500 metros

_____

7. 1492

_____

8. 1055

_____

9. 1.721 iglesias

_____

10. 100 niñas

_____

Vocabulario

1.   ¿Cuál de estos términos no es una estación?

    a. lunes
    b. primavera
    c. otoño
    d. verano

2.   ¿Cuál de estos términos no es un mes?

    a. marzo
    b. invierno
    c. febrero
    d. enero

Copyright © 1992 by Holt, Rinehart and Winston, Inc. All rights reserved.

3.   ¿Cuál de estas actividades no es generalmente una diversión?

   a. nadar
   b. bailar
   c. charlar
   d. llegar

4.   ¿Cuál de estos términos no es un edificio?

   a. cuadra
   b. catedral
   c. iglesia
   d. taberna

5.   ¿Cuál de estos términos no se asocia con el campo?

   a. árbol
   b. valle
   c. esquina
   d. lago

     Copyright © 1992 by Holt, Rinehart and Winston, Inc. All rights reserved.

Nombre: _____ Clase: _____ Fecha: _____

4.7   *(a) Escriba con palabras las fechas a continuación.*

1. 4 / VII / 1776

_____

2. 7 / XII / 1948

_____

3. 12 / X / 1492

_____

4. 5 / V / 1876

_____

5. 16 / IX / 1810

_____

(b) Responda a las preguntas con oraciones completas.

1. ¿Cuál es la fecha de Navidad?

_____

2. ¿Qué meses tienen treinta y un días?

_____

3. ¿Cuántos días tiene febrero en un año bisiesto?

_____

4. ¿Cuál es la fecha de su nacimiento?

_____

5. ¿Cuál es su signo del zodíaco?

_____

6. ¿Cuáles son las fechas de su signo?

_____

7. ¿En qué estación es el día de la independencia de los Estados Unidos?

_____

8. ¿Cuál es la fecha del Día de Acción de Gracias este año?

_____

Copyright © 1992 by Holt, Rinehart and Winston, Inc. All rights reserved.

9. ¿Cuál es tu estación favorita?

10. ¿Por qué?

Vocabulario

¿Qué elementos de la segunda columna corresponden a los términos de la primera?

a. ___ una rosa, por ejemplo

1. bailar
b. ___ el cincuenta por ciento (50%)

2. charlar
c. ___ ¿qué cantidad?

3. ganar
d. ___ actividad de discotecas

4. nadar
e. ___ cien años

5. ¿cada cuándo?
f. ___ conversar con amigos

6. ¿cuántos?
g. ___ actividad de piscinas y lagos

7. el cumpleaños
h. ___ triunfar

8. la mitad
i. ___ tomar

9. la flor
j. ___ ¿con qué frecuencia?

10. el siglo
k. ___ un árbol

l. ___ aniversario

Copyright © 1992 by Holt, Rinehart and Winston, Inc. All rights reserved.

Nombre: _____ Clase: _____ Fecha: _____

Primer repaso

A. *Complete las oraciones con la forma correcta de **ser, estar** o **tener** (§2.3, §3.1 y §3.2.*

1. Nosotros _____ de Quito, Ecuador. 2. La mesa _____ de madera y metal. 3. Marisa _____ ausente hoy. 4. Mi amiga Juanita _____ veinte años. 5. Mis padres _____ abogados. 6. Yo _____ detrás de Uds. 7. Los chicos _____ contentos hoy. 8. Mi abuela _____ en el aeropuerto. 9. La cartera que _____ en el piso _____ de Beto. 10. Yo _____ mexicano, pero mis amigos _____ de Venezuela. 11. Tú _____ el amigo de Jorge, ¿no? 12. Yo _____ veintiún años.

B. *Cambie las oraciones sustituyendo los sujetos que están entre paréntesis (§2.2, §2.4, §2.5, §3.1 y §3.2).*

1. Javier es francés. (Marie)

_____

2. La pared es gris. (pantalones)

_____

3. El examen es fácil. (exámenes)

_____

4. Mi padre es feliz. (padres)

_____

5. Soy inglesa. (mi esposo)

_____

6. La chica es alemana. (mi novio)

_____

7. Carlos es joven. (Carlos y Tomás)

_____

8. Mi padre es tradicional y conservador. (mi familia)

_____

Copyright © 1992 by Holt, Rinehart and Winston, Inc. All rights reserved.

9. El cinturón es rojo. (cinturones)

_____

10. La falda es azul. (camisas)

_____

C. *Cambie las oraciones al plural (§2.5, §3.1, §3.2, §3.3, y §4.4).*

1. Nuestra amiga es feliz.

_____

2. Mi hermano es ciudadano inglés.

_____

3. Tu pantalón es verde.

_____

4. Esta camisa es gris.

_____

5. Esa mujer es fatal.

_____

6. Ese chico es alemán.

_____

7. La luz es blanca.

_____

8. Aquel edificio está abierto.

_____

9. Esa niña está ausente.

_____

10. Este examen es fácil.

_____

Copyright © 1992 by Holt, Rinehart and Winston, Inc. All rights reserved.

Nombre: _____ Clase: _____ Fecha: _____

D. *Invente una comparación con los elementos a continuación (§3.6 y §4.5).*

MODELO   Juan es inteligente. Javier es inteligente también.
—>   **Juan es tan inteligente como Javier.**

1. Marisa es bonita. Gumersinda es fea. _____
_____

2. Mariana es rica. Mario es rico también. _____
_____

4. Este ejercicio es difícil. Aquel ejercicio es fácil. _____
_____

5. Mi coche es muy bueno. Tu coche es regular. _____
_____

6. A y B son buenas notas. D y F son malas notas. _____
_____

7. Tengo veintitrés años. Mi hermano tiene treinta años. _____
_____

8. Mi abuela es vieja. Mi madre es relativamente joven._____
_____

E. *Complete las oraciones con la forma correcta del verbo entre paréntesis (§3.1, §3.2 y §4.1).*

1. (tomar) Yo _____ una Coca; tú _____ una cerveza; ellos no _____ nada.

2. (ser) Nosotros _____ cubanos; ellos _____ chilenos y ella _____ chilena.

3. (estudiar) Ella _____ mucho; los chicos _____ poco y yo _____ demasiado.

4. (estar) Tú _____ bien, pero Marisa y yo _____ enfermos.

5. (necesitar) Juan _____ dinero; Ana y Raúl _____ amor y yo _____ todo.

Copyright © 1992 by Holt, Rinehart and Winston, Inc. All rights reserved.

F. *Escriba con palabras las fechas a continuación (§4.6 y §4.7).*

1. 12 / XII / 1943 _____

_____

2. 22 / IX / 1951 _____

_____

3. 30 / IV / 1872 _____

_____

4. 1 / I / 1692 _____

_____

5. 31 / X / 1535 _____

_____

6. 15 / II / 1751 _____

_____

G. *Complete las oraciones con* **hay** *o con la forma correcta de* **ser** *o* **estar** *(§2.3 y §4.5).*

1. Los García _____ de España. 2. _____ muchos árboles en esta calle. 3. _____ demasiada gente en el centro. 4. Nuestra casa _____ en el otro barrio. 5. _____ más mujeres que hombres en la clase. 6. El auditorio _____ en la esquina. 7. _____ otro auditorio muy bueno en aquel edificio. 8. Ese edificio _____ de la IBM. 9. _____ trece cuartos en nuestra nueva casa. 10. Ya no _____ dinosaurios en el mundo.

Copyright © 1992 by Holt, Rinehart and Winston, Inc. All rights reserved.

Nombre: _____ Clase: _____ Fecha: _____

Capítulo 5
¡Vamos a comer!

5.1 *(a) Conteste las preguntas con oraciones completas.*

1. ¿Qué come tu familia en un almuerzo típico? _____

_____

2. ¿Qué beben tus compañeros en una fiesta escandalosa? _____

_____

3. ¿Qué aprenden Uds. en la clase de español? _____

_____

4. ¿Crees que el español es imposible? _____

_____

5. ¿A qué hora del día tienes mucha hambre? _____

_____

6. ¿Qué comen los niños cuando no están en casa sus padres? _____

_____

7. ¿Qué come un vegetariano? _____

_____

8. ¿Qué beben Uds. cuando comen pizza? _____

_____

9. ¿Quién lee el periódico mientras bebe café? _____

_____

10. Generalmente, ¿qué comen los argentinos, carne o pescado? _____

_____

(b) Invente oraciones (o preguntas) originales con los elementos a continuación.

1. yo / correr _____

2. nosotros / aprender _____

3. La Sra. Sánchez / creer que _____

4. ? / leer _____

Copyright © 1992 by Holt, Rinehart and Winston, Inc. All rights reserved.

5. tú / comprender _____

6. ? y ? / beber _____

7. ? y yo / comer _____

8. vosotros / creer que _____

5.2   *Conteste las preguntas con oraciones completas.*

1. ¿Dónde pone Ud. el cuchillo cuando pone la mesa?

_____

2. ¿Sabes cuál es la fecha de hoy?

_____

3. ¿Quiénes saben el nombre completo de su profesor / a?

_____

4. ¿Haces mucho ruido cuando tú y tus amigos hacen una fiesta?

_____

5. ¿Qué traes a clase todos los días?

_____

6. ¿Sabes cómo se llaman las dos capitales de Bolivia?

_____

7. ¿Qué películas ve Ud. con más frecuencia: películas de acción o películas de intriga, amor y peligro?

_____

8. ¿Hace Ud. café o té por la mañana para el desayuno?

_____

9. ¿Qué sabe Ud. sobre el presidente del país?

_____

10. ¿Dónde pones tus cosas cuando llegas a clase?

_____

Copyright © 1992 by Holt, Rinehart and Winston, Inc. All rights reserved.

Nombre: _____ Clase: _____ Fecha: _____

5.3 *(a) Invente oraciones completas con los elementos a continuación.*

1. Berta y Pablo / ir _____

2. Mis abuelos / venir _____

3. ¿quién / ir? _____

4. Nosotros / no ir _____

5. Mi familia / ir _____

6. ¿Ir / tú ? _____

7. ¿A qué hora / venir / vosotros? _____

8. ellos / ir ... pero nosotros / ir _____

_____

*(b) Invente una pregunta con **adónde** y **de dónde** para las respuestas a continuación.*

1. Voy al museo de arte.

_____

2. Venimos de una fiesta fabulosa.

_____

3. Mis mejores amigos van a las montañas la próxima semana.

_____

4. Vengo de un pueblo muy pequeño en el norte de México.

_____

5. Vamos a la piscina.

_____

5.4 *(a) Conteste las preguntas con oraciones completas.*

1. ¿Qué debes aprender en la clase?

_____

2. ¿Es bueno comer mucho antes de correr?

_____

3. ¿Es posible ganar mucho dinero sin trabajar?

_____

Copyright © 1992 by Holt, Rinehart and Winston, Inc. All rights reserved.

4. ¿Qué deseas comer esta noche?

_____

5. ¿Qué comida sabe hacer tu compañero / a de cuarto?

_____

6. ¿Qué necesitan Uds. hacer esta noche?

_____

7. ¿Qué haces antes de estudiar?

_____

8. ¿Qué haces después de nadar?

_____

9. ¿Qué hacen algunos estudiantes para sacar una buena nota?

_____

10. ¿Qué hace la gente para estar en buena forma?

_____

(b) Usando un infinitivo, termine las oraciones de forma creativa.

1. Comemos para _____
2. Ponemos la mesa antes de _____
3. Corro para _____
4. Bebemos café para _____
5. Como un sandwich después de _____
6. Es imposible _____
7. Es horrible _____
8. No voy a clase sin _____

Copyright © 1992 by Holt, Rinehart and Winston, Inc. All rights reserved.

Nombre: _____ Clase: _____ Fecha: _____

5.5 *(a) Escriba* **hace, está** *o una forma de* **tener** *en los espacios en blanco si es necesario.*

1. En el desierto _____ calor en verano. 2. Por lo general, no _____ calor cuando _____ llueve. 3. _____ fresco en las montañas. 4. _____ nevando en Alaska. 5. Yo _____ calor. 6. El cielo _____ nublado; _____ gris. 7. ¿Qué tiempo _____ en Chile en enero? 8. En las partes más altas de los Andes, _____ nieva casi todo el año. 9. _____ mucho viento durante el mes de marzo. 10. No _____ lloviendo; el cielo _____ despejado. 11. _____ buen tiempo en Quito todo el año. 12. María usa un suéter porque _____ frío.

(b) Escriba una descripción probable del tiempo en las circunstancias a continuación; note que el clima del hemisferio sur es el contrario del clima en el hemisferio norte.

1. Buenos Aires / enero

_____

2. Santiago de Chile / octubre

_____

3. Caracas / julio

_____

4. Sevilla / en el verano

_____

5. el polo norte / siempre

_____

5.6 *Conteste las preguntas con oraciones completas.*

1. Generalmente, ¿quién almuerza contigo?

_____

2. ¿Es para mí ese pastel tan hermoso?

_____

3. ¿Quién desea comer conmigo?

_____

4. ¿Quién está sentado delante de Ud. en la clase de español?

_____

Copyright © 1992 by Holt, Rinehart and Winston, Inc. All rights reserved.

5. En la clase de español, ¿qué está detrás de su profesor / a?

_____

6. ¿Va Ud. al restaurante con nosotros después del concierto?

_____

7. Cuando comes con tu mejor amigo, ¿qué hay entre él y tú?

_____

8. ¿Son los dulces para todos, incluso yo, tú y nuestros compañeros?

_____

5.7 *Reemplace el verbo en negrilla con **ir a + infinitivo**. Conserve el mismo sujeto.*

MODELO   Lucía **viene** a la reunión. —>**Lucía va a venir a la reunión.**

1. Mi primo Roberto **es** un gran cocinero.

_____

2. Los chicos **van** a un restaurante chino.

_____

3. ¿**Haces** tamales para la fiesta de Nochebuena?

_____

4. **Estamos** en casa para una comida especial.

_____

5. Julia **tiene** que hacer un pastel enorme.

_____

6. **Comemos** a mediodía.

_____

7. **Hace** frío.

_____

8. **Soy** profesora de lenguas.

_____

9. **Aprendemos** cómo se hace una buena paella.

_____

Copyright © 1992 by Holt, Rinehart and Winston, Inc. All rights reserved.

Nombre: _____ Clase: _____ Fecha: _____

Vocabulario

1. ¿Cuál de estos elementos no se usa generalmente en un sandwich?

    a. una manzana
    b. tocino
    c. mayonesa
    d. rosbif

2. ¿Cuál de estos elementos no es un postre?

    a. ensalada de frutas
    b. helado
    c. zanahorias
    d. bizcocho

3. ¿Cuál de estas comidas no forma parte del desayuno norteamericano?

    a. jugo de naranja
    b. te o café
    c. pan con mantequilla
    d. verduras

4. ¿Cuál de estos elementos no figura en una ensalada mixta?

    a. lechuga
    b. tomate
    c. golosinas
    d. aceite y vinagre

5. ¿Cuál de estos elementos no es una buena fuente de proteínas?

    a. pescado
    b. pollo
    c. fruta
    d. huevos

Copyright © 1992 by Holt, Rinehart and Winston, Inc. All rights reserved.

(b) *¿Qué elementos de la primera columna corresponden a los de la segunda?*

a. ___ se usa para cortar

1. almuerzo
b. ___ se hace con dinero

2. cocina
c. ___ comida de mediodía

3. leche
d. ___ se usa para servir café

4. refresco
e. ___ donde se prepara comida

5. propina
f. ___ producto de vacas

6. pagar
g. ___ bebida alcóholica

7. cuchara
h. ___ animal doméstico

8. cuchillo
i. ___ se usa para comer sopa

9. cerveza
j. ___ bebida caliente

10. taza
k. ___ dinero extra para el mesero

l. ___ bebida azucarada en botella

46

Copyright © 1992 by Holt, Rinehart and Winston, Inc. All rights reserved.

Capítulo 6
Las diversiones

6.1 *(a) Conteste las preguntas con oraciones completas.*

1. ¿Quién vive cerca de un cine?

_____

2. ¿Cuándo no asiste Ud. a la clase de español?

_____

3. ¿A qué hora sale Ud. del cine por lo general?

_____

4. ¿Cuándo abren la taquilla del cine?

_____

5. ¿Quién decide qué película sus amigos y Ud. van a ver?

_____

6. ¿Quién escribe la crítica de cine en el periódico que Ud. lee?

_____

7. ¿A qué hora salen Uds. de casa para ir a tomar un trago?

_____

8. ¿Cuándo deciden Uds. qué cursos van a tomar?

_____

9. ¿Asistes a muchos conciertos?

_____

10. ¿Qué escribís vosotros en la pizarra?

_____

Copyright © 1992 by Holt, Rinehart and Winston, Inc. All rights reserved.

(b) Invente oraciones originales con los elementos a continuación.

1. Mis primos / vivir

_____

2. Los profesores / asistir

_____

3. Yo / salir

_____

4. Mis padres / decidir

_____

5. El público / subir al balcón

_____

6. Yo / vivir al lado de

_____

7. Nosotros / abrir

_____

8. Un novelista moderno / escribir sobre

_____

Copyright © 1992 by Holt, Rinehart and Winston, Inc. All rights reserved.

Nombre: _____ Clase: _____ Fecha: _____

6.2 *(a) Conteste las preguntas con oraciones completas.*

1. ¿Vuelves a ver una buena película varias veces?

_____

2. ¿Quién duerme en el teatro?

_____

3. ¿Quién en la clase recuerda las películas de Hitchcock?

_____

4. ¿Qué pasa si no devuelves los libros a la biblioteca?

_____

5. ¿Qué puede Ud. ver en este momento?

_____

6. ¿Cuánto cuesta una entrada a un partido de fútbol?

_____

(b) Invente oraciones usando los elementos a continuación.

1. el público / volver al teatro

_____

2. Yo / dormir durante la función

_____

3. mi hermano / recordar perfectamente las películas que ve

_____

4. los lunes yo / almorzar

_____

5. Uds. / no poder

_____

6. ¿Cuánto / costar

_____

7. los clientes insatisfechos / devolver

_____

8. Nosotros / encontrar

_____

Copyright © 1992 by Holt, Rinehart and Winston, Inc. All rights reserved.

9. las hojas de los árboles / morir

_____

10. Vosotros / no poder conversar durante la película

_____

6.3   *Invente una oración completa con **jugar, tocar** o **poner** usando los elementos a continuación.*

        MODELO   yo / tenis —> **Yo juego al tenis los domingos por la tarde.**

1. Raúl y Eusebio / un disco para bailar _____

_____

2. Tú / el radio para escuchar las noticias _____

_____

3. Mi hermana / tambor en la banda _____

_____

4. Olivia y Teresa / ajedrez _____

_____

5. Mis padres / boliche los miércoles por la mañana _____

_____

6. ¿Qué deportes / tu hija? _____

_____

7. Mis amigos y yo / voleibol en el gimnasio _____

_____

8. Ese conjunto / música rock _____

_____

9. Irene / la flauta en la orquesta _____

_____

10. nosotros / el televisor para ... _____

_____

Copyright © 1992 by Holt, Rinehart and Winston, Inc. All rights reserved.

Nombre: _____ Clase: _____ Fecha: _____

6.4   *Escriba oraciones equivalentes con se.*

MODELO   Hablan español en México. —>   **Se habla español en México.**

1. La gente no debe hablar durante un espectáculo.

_____

2. Vemos buen teatro en Buenos Aires.

_____

3. La gente come mucho pescado en España.

_____

4. ¿Adónde va uno para comprar novelas?

_____

5. Venden videos allí en la esquina.

_____

6. Hablan portugués en Brasil.

_____

7. Uno no comprende fácilmente el teatro moderno.

_____

8. Encontramos buenos discos en el centro.

_____

9. No vemos mucha televisión en nuestra casa.

_____

10. A veces la gente entra al cine sin pagar.

_____

6.5   *(a) Invente una oración con los elementos a continuación.*

1. Mi madre / preferir

_____

2. Nosotros / querer

_____

3. Yo / cerrar

_____

Copyright © 1992 by Holt, Rinehart and Winston, Inc. All rights reserved.

4. Ellos / pensar

_____

5. Tú / regar

_____

6. La clase / comenzar

_____

7. Yo / mentir

_____

8. Vosotros / entender

_____

9. Mi mejor amiga / preferir

_____

10. Nuestro equipo / perder

_____

(b) Conteste las preguntas con frases completas.

1. ¿Prefieres el teatro o el cine? ¿Por qué? _____

_____

2. ¿En qué piensas cuando tomas un examen? _____

_____

3. ¿Por qué quieren Uds. aprender español? _____

_____

4. ¿A qué hora comienza la clase de español? _____

_____

5. ¿Quién cierra la puerta cuando la clase comienza? _____

_____

6. ¿Qué quieres hacer el sábado por la noche? _____

_____

7. ¿Quién riega las plantas en tu casa? _____

_____

8. ¿Quién miente mucho? _____

_____

Copyright © 1992 by Holt, Rinehart and Winston, Inc. All rights reserved.

Nombre: _____ Clase: _____ Fecha: _____

6.6 *(a) Escriba las oraciones en afirmativo.*

1. No vive nadie en esa casa vieja.

_____

2. No hay nada que ver en ese museo.

_____

3. No voy ni al cine ni al teatro.

_____

4. No pasa nada en el parque después de medianoche.

_____

5. Ninguno de mis amigos quiere estudiar conmigo.

_____

6. Nunca compro pescado en esa tienda.

_____

7. Ni Juan ni Josefina quieren ver televisión.

_____

8. No hay ninguna chica en mi clase de estadística. Tampoco hay muchos hombres.

_____

(b) Escriba las oraciones en negativo.

1. Hay alguien en la boletería.

_____

2. Ese muchacho tiene algunos problemas serios.

_____

3. Algunas de las chicas son mis amigas.

_____

4. A veces como en ese restaurante de la esquina.

_____

5. Soy comunista y capitalista.

_____

6. Voy siempre al mismo sitio.

_____

Copyright © 1992 by Holt, Rinehart and Winston, Inc. All rights reserved.

7. Veo algo debajo de tu silla.

_____

8. A veces compro camisas por catálogo. También compro medias por catálogo.

_____

9. Javier quiere comer y Silvia quiere comer también.

_____

10. Siempre tengo hambre después de ir al teatro.

_____

6.7 *Reescriba las oraciones con palabras.*

1. Mi hijo está en 6º año. _____

_____

2. Esta es la 2ª vez que veo aquella obra. _____

_____

3. El 3ᵉʳ año es el más difícil. El 1ᵉʳ año y el 2º año son fáciles. _____

_____

4. Ud. está en el 10º asiento de la 9ª fila. _____

_____

5. Nuestro equipo está en 4º lugar en el torneo. _____

_____

6. Carlos V ocupa un lugar distinguido en la historia. _____

_____

7. Fernando VII, en cambio, no tiene nada de distinguido. _____

_____

8. Pocas primarias llegan hasta el 8º año hoy día. _____

_____

   Copyright © 1992 by Holt, Rinehart and Winston, Inc. All rights reserved.

Vocabulario

1. ¿Cuál de las palabras no es el nombre de un deporte?

   a. el torneo
   b. el alpinismo
   c. el boliche
   d. el baloncesto

2. ¿Cuál de los juegos no requiere una pelota?

   a. el tenis
   b. el fútbol
   c. las damas
   d. el boliche

3. ¿Cuál de las palabras es un instrumento musical?

   a. la partitura
   b. el tambor
   c. la grabadora
   d. el recado

4. ¿Cuál de las palabras no es un aparato eléctrico?

   a. el tocadiscos
   b. la grabadora
   c. la tarjeta
   d. el televisor

5. ¿Cuál de las palabras no se refiere a un espectáculo?

   a. la función
   b. el concierto
   c. la película
   d. la taquilla

Copyright © 1992 by Holt, Rinehart and Winston, Inc. All rights reserved.

(b) *¿Qué elementos de la primera columna corresponden a los de la segunda?*

a. ___ tener la capacidad de

1. comenzar   b. ___ actividad mental

2. almorzar   c. ___ terminar de vivir

3. recado   d. ___ comprender

4. querer   e. ___ salir

5. pensar   f. ___ mensaje

6. morir   g. ___ desear

7. mentir   h. ___ comer a mediodía

8. escoger   i. ___ recordar

9. poder   j. ___ no decir la verdad

10. entender   k. ___ seleccionar

l. ___ empezar

Copyright © 1992 by Holt, Rinehart and Winston, Inc. All rights reserved.

Capítulo 7
La casa y sus actividades

7.1   *(a) Conteste las preguntas, sustituyendo las palabras en itálica por un complemento directo pronominal **lo, la, los, las**.*

1. ¿Barres *el piso* todos los días?

_____

2. ¿Cada cuándo limpias *las ventanas*?

_____

3. ¿Lavas *la ropa* cada semana?

_____

4. Por lo general, ¿recogen los niños *sus propios juguetes*?

_____

5. ¿Dónde ve Ud. *televisión* — en la sala o en su dormitorio?

_____

6. ¿Quién riega *las plantas en el jardín*?

_____

7. ¿Quién limpia *tu cuarto*?

_____

8. ¿En qué cuarto escuchas *la radio*?

_____

9. ¿En qué cuarto de su casa hace Ud. *la tarea*?

_____

10. ¿Dónde guarda Ud. *la leche* en su casa?

_____

Copyright © 1992 by Holt, Rinehart and Winston, Inc. All rights reserved.

(b) Conteste las preguntas, sustituyendo las palabras en itálica por un complemento directo pronominal; agregue los pronombres al infinitivo.

MODELO ¿Vas a comprar la escoba? —> **Sí, voy a comprarla.**

1. ¿Sabes pasar *la aspiradora*?

_____

2. ¿Dónde vas a esperar *el autobús*?

_____

3. ¿Quieres comprar *ese refrigerador*?

_____

4. ¿Quién quiere limpiar *el baño*?

_____

5. ¿Vas a vender *esos cuadros*?

_____

6. ¿Dónde vas a lavar *la ropa*?

_____

7.2 *Complete las oraciones con una preposición sólo si es necesaria.*

1. Sueño _____ tener una casa en la playa. 2. Mi casa va a consistir _____ tres dormitorios, una sala, una cocina y un comedor. 3. Salimos _____ casa antes de la una. 4. ¿Qué piensas _____ mi nueva estufa? 5. ¿ _____ qué piensas cuando estás sola en el jardín? 6. Tienes que entrar _____ el garage por la otra puerta. 7. Tengo que pagar _____ los nuevos muebles. 8. Tengo que buscar _____ un cuadro para la sala. 9. Siempre asistimos _____ las reuniones del barrio. 10. Voy a la sala para mirar _____ televisión. 11. ¿ _____ dónde vas para comprar el sofá? 12. Quiero escuchar _____ el discurso del presidente ahora.

Copyright © 1992 by Holt, Rinehart and Winston, Inc. All rights reserved.

Nombre: _____ Clase: _____ Fecha: _____

7.3 *(a) Escriba una a personal en el espacio en blanco sólo si es necesario.*

1. ¿Conoces _____ mi plomero? 2. Mi papá es _____ electricista. 3. Veo _____ los árboles, pero no veo _____ los chicos. 4. Necesitamos _____ una nueva estufa. 5. Un niño necesita _____ sus padres.

*(b) Conteste las preguntas a continuación usando las expresiones entre paréntesis. Use una **a personal** si es necesario.*

1. ¿Qué miras tú? (las flores en el jardín)

_____

2. ¿Qué mira Gerardo? (su hermano)

_____

3. ¿Qué ves en la sala? (mi tía)

_____

4. ¿Qué llevan Uds. en el coche? (un nuevo televisor)

_____

5. ¿Qué lleva Jorge en su coche? (su bebé)

_____

6. ¿Qué buscan Uds.? (el doctor Alonso)

_____

7. ¿Qué espera el médico? (su esposa)

_____

8. ¿Qué vas a pagar? (la luz)

_____

7.4 *Complete las oraciones con la forma correcta de **saber** o **conocer**.*

1. ¿ _____ Ud. a ese viejo que _____ la Biblia de memoria? 2. Yo no _____ Madrid bien, pero _____ llegar a la casa de mis primos. 3. El profesor quiere _____ si sus alumnos _____ las palabras relacionadas con la casa. 4. ¿Quién _____ al Sr. Portillo? 5. ¿No _____ tú el teléfono de Pablo? 6. Esa chica _____ a Juan, pero no _____ que son vecinos. 7. Nosotros _____ que tú _____ a un excelente plomero.

Copyright © 1992 by Holt, Rinehart and Winston, Inc. All rights reserved.

8. ¿ _____ Uds. todos los parques nacionales? 9. Yo _____ a Lola, pero no _____ en qué barrio vive. 10. ¿ _____ cocinar comida criolla? 11. ¿ _____ los alumnos los últimos cuadros de Picasso? 12. Nadie _____ cocinar como Pablo.

7.5 *(a) Escriba el complemento directo pronominal (**me, te, nos, os, lo, la, los, las**) que corresponde a la palabra en itálica.*

1. No conozco a *Jorge*, pero _____ reconozco cuando _____ veo. 2. Yo soy *la profesora* de esta clase; mis alumnos _____ miran y _____ escuchan cuando hablo. 3. ¿Dónde están mis *hermanos*? Nunca _____ encuentro cuando _____ necesito para lavar platos. 4. *Paula y yo* somos estudiantes. El profesor _____ conoce bien, y _____ quiere mucho. 5. ¿ _____ espero en el vestíbulo, *Sr. Pérez*? 6. ¡Qué afortunado eres tú, *David*! Lola _____ quiere mucho y siempre _____ besa cuando _____ ve. 7. No _____ reconozco, *señorita*. 8. *Ustedes* tienen que ser *las tías de Eduarda*. _____ reconozco porque tienen la misma cara que ella. 9. Admiro a *Teresa*, pero no _____ quiero. 10. Tengo muchos *amigos* y siempre _____ invito a casa.

(b) Conteste las preguntas; use un pronombre para el complemento directo en las respuestas.

1. ¿Quién va a lavar los platos?

_____

2. ¿Quién va a ayudar a Marisa?

_____

3. ¿Vas a ver a tu primo hoy?

_____

4. ¿Van Uds. a acompañar a Roberto?

_____

5. ¿Dónde va Juanita a recibir a sus amigas?

_____

6. ¿Tienes que visitar a tus primas?

_____

7. ¿Siempre abraza Alberto a sus amigos?

_____

8. ¿Detestas las películas de Hollywood?

_____

Copyright © 1992 by Holt, Rinehart and Winston, Inc. All rights reserved.

Nombre: _____ Clase: _____ Fecha: _____

7.6   *(a) Complete las oraciones con una frase apropiada de énfasis o de clarificación.*

MODELO   Yo lo veo ... —> **Yo lo veo a él.** *o* **Yo lo veo a usted.**

1. Tú me conoces ... _____

2. Ellos nos quieren ... _____

3. Puedo verte ... _____

4. Nadie lo recuerda ... _____

5. No la conocemos ... _____

6. Los preferimos ... _____

7. Os adoro ... _____

8. Juan las reconoce ..._____

(b) Conteste las preguntas a continuación con oraciones completas.

1. ¿Quién te quiere a ti apasionadamente?

_____

2. ¿Lo conoces a él?

_____

3. ¿Quién lo / la llama a Ud. todas las noches?

_____

4. ¿Os saluda a vosotros vuestro / a profesor / a cuando entra en la clase?

_____

5. ¿Quién nos toma en serio a nosotros?

_____

6. ¿Me conocen Uds. a mí?

_____

7. ¿Los / las mira a Uds. su profesor / a cuando explica la gramática?

_____

 8. ¿Te esperan tus amigos en el jardín?

_____

Copyright © 1992 by Holt, Rinehart and Winston, Inc. All rights reserved.

7.7 *Invente una oración con los sujetos y verbos a continuación.*

    1. yo / contribuir

_____

    2. el carpintero / construir

_____

    3. nosotros / oír

_____

    4. la televisión / influir

_____

    5. una bomba / destruir

_____

    6. las clases / concluir

_____

    7. yo / oír

_____

    8. mi alquiler / incluir

_____

Copyright © 1992 by Holt, Rinehart and Winston, Inc. All rights reserved.

Nombre: _____ Clase: _____ Fecha: _____

Vocabulario

(a) Conteste las preguntas.

1. ¿En qué cuarto de la casa se come?

    a. la sala
    b. el pasillo
    c. el comedor
    d. el baño

2. ¿Qué se usa para limpiar la alfombra?

    a. la aspiradora
    b. la brocha
    c. el trapo
    d. el ladrillo

3. ¿Cuál de los objetos a continuación no se usa en la construcción de una casa?

    a. el ladrillo
    b. la madera
    c. el cemento
    d. el césped

4. ¿Cuál de estos objetos no se encuentra generalmente en la cocina?

    a. la estufa
    b. el trapo
    c. la basura
    d. la deuda

5. ¿Cuál de estos adjetivos no puede aplicarse a una casa?

    a. amueblado
    b. cómodo
    c. propio
    d. preocupado

6. ¿Cuál de estos objetos no es un aparato eléctrico?

    a. la secadora
    b. el lavaplatos
    c. el lavabo
    d. la cortadora

Copyright © 1992 by Holt, Rinehart and Winston, Inc. All rights reserved.

(b)   *¿Qué elementos de la primera columna se combinan con los de la segunda?*

a. ___ representación gráfica

1. oír

b. ___ rentar

2. la escoba

c. ___ se usa para dormir

3. el pasillo

d. ___ sofá, sillón, etc.

4. lavar

e. ___ se usa para limpiar pisos

5. barrer

f. ___ corredor

6. muebles

g. ___ actividad auditiva

7. cama

h. ___ obtener

8. alquilar

i. ___ limpiar con agua

9. el cuadro

j. ___ ver

10. conseguir

k. ___ limpiar pisos

l. ___ ladrillos

Copyright © 1992 by Holt, Rinehart and Winston, Inc. All rights reserved.

Capítulo 8
El comercio y el trabajo

8.1   *(a) Escriba **a, de, que** o **en** en el espacio en blanco, sólo si es necesario.*

1. ¿Sabes _____ escribir a máquina? 2. Ese señor insiste _____ hablar con el gerente. 3. Hay _____ pensar antes de hablar con el jefe. 4. José comienza _____ entender mejor la computadora. 5. Tengo _____ volver al banco hoy. 6. Pablo aprende _____ sacar cuentas. 7. Los chicos terminan _____ trabajar a las cinco. 8. Espero _____ ir a la recepción para los nuevos empleados. 9. ¿Puedes _____ enseñarme _____ hacer café? 10. Vamos a la panadería _____ comprar pan. 11. ¿Vas _____ ayudarme _____ preparar el informe? 12. Necesito _____ aprender _____ hablar árabe. 13. Los supervisores vienen _____ vernos la semana próxima. 14. Quiero _____ invitar _____ mi jefa _____ tomar un trago.

(b) Conteste las preguntas con oraciones completas.

1. ¿Qué hay que hacer para conseguir un buen empleo?

_____

2. ¿Qué tienes que hacer esta tarde?

_____

3. ¿A qué hora dejan de trabajar los banqueros?

_____

4. ¿Quién te enseña a hacer tu trabajo?

_____

5. Cuando terminas de trabajar, ¿invitas a todos tus compañeros a tomar un trago?

_____

Copyright © 1992 by Holt, Rinehart and Winston, Inc. All rights reserved.

(c) *Escriba una oración (o una pregunta) original con los elementos a continuación.*

1. dejar / trabajar _____

_____

2. aprender / escribir a máquina _____

_____

3. enseñar / comprender _____

_____

4. terminar / estudiar _____

_____

5. comenzar / entender _____

_____

6. ayudar / preparar_____

_____

Copyright © 1992 by Holt, Rinehart and Winston, Inc. All rights reserved.

Nombre: _____ Clase: _____ Fecha: _____

8.2 *(a) Escriba la forma correcta del verbo que está entre paréntesis.*

1. Se (servir) _____ la cena a las siete. 2. Yo (pedir) _____ pan
en una panadería. 3. Mis padres (decir) _____ que el coche cuesta demasiado.
4. Yo (seguir) _____ las instrucciones del farmacéutico. 5. Pablo (conseguir)
_____ bombones en esa tienda. 6. Nosotros (sonreír) _____
cuando estamos contentos. 7. Yo nunca (decir) _____ mentiras. 8. Muchas
veces los niños (repetir) _____ cosas que sus padres (decir)
_____ . 9. Yo siempre (conseguir) _____ un aumento cuando lo
(pedir) _____ . 10. Vosotros (reír) _____ demasiado.

(b) Invente una oración original con una forma de los verbos a continuación.

1. pedir _____

_____

2. servir _____

_____

3. repetir _____

_____

4. conseguir _____

_____

5. sonreír _____

_____

6. reír _____

_____

7. seguir _____

_____

8. decir _____

_____

Copyright © 1992 by Holt, Rinehart and Winston, Inc. All rights reserved.

8.3 (a) *Escriba las oraciones de nuevo; reemplace los complementos indirectos con pronombres.*

MODELO   Mando dinero a mi madre. —> **Le mando dinero.**

1. Mi compañía da un buen salario a sus empleados.

   _____

2. Los banqueros prestan dinero a sus clientes.

   _____

3. Algunos profesores quieren dar clases privadas a sus alumnos.

   _____

   _____

4. Josefina manda una copia de la cuenta al cliente.

   _____

5. Mi hermano y yo queremos vender las flores a los turistas.

   _____

(b) *Reescriba las oraciones dos veces. En la primera oración, sustituya el complemento directo por un pronombre. En la segunda oración, sustituya el complemento indirecto por un pronombre.*

MODELO   Compramos las flores al florero.
                —> **Las compramos al florero.**
                —> **Le compramos las flores.**

1. Entregamos los paquetes al gerente.

   _____

   _____

2. Quiero dar el informe a la supervisora.

   _____

   _____

3. Ricardo manda la cuenta al cliente.

   _____

   _____

4. Miguel y yo vamos a dar el cheque al banquero.

   _____

   _____

Copyright © 1992 by Holt, Rinehart and Winston, Inc. All rights reserved.

5. La librería vende los libros de texto a los alumnos de la universidad.

_____

_____

(c) Conteste las preguntas con oraciones completas.

1. ¿Quién va a pagarte el salario?

_____

2. ¿Quiénes te mandan cartas?

_____

3. ¿Quién te presta un coche cuando lo necesitas?

_____

4. ¿Quién os dice "hola" cuando entráis en la clase?

_____

5. ¿Quién va a pediros la tarea en la próxima clase?

_____

6. ¿Qué te parecen los precios de la gasolina?

_____

7. ¿Qué les parece el salario de los profesores de español?

_____

8. ¿Qué os parece la vida amorosa de Don Tremendón?

_____

8.4 *(a) Complete las oraciones con frases de énfasis o de clarificación. En algunos casos hay varias posibilidades.*

MODELO Les explicamos el problema _____ .
—> **Les explicamos el problema a ellos (a Uds., a ellas).**

1. Ese banco no me presta dinero _____ . 2. No les regalamos esos cuadros _____ . 3. Nadie quiere traernos los informes _____ . 4. No te muestro nada _____ . 5. Nunca van a pedirme nada _____ .

Copyright © 1992 by Holt, Rinehart and Winston, Inc. All rights reserved.

(b) Escriba oraciones originales (e imaginativas) usando las frases de clarificación a continuación.

EJEMPLO a mi padre —> **Voy a regalarle a mi padre un Porsche 901.**

1. a ti _____

_____

2. a mi mamá _____

_____

3. a mi profesor / a de inglés _____

_____

4. a nosotros _____

_____

5. a mí _____

_____

6. a los jugadores del equipo de fútbol _____

_____

7. a mi mejor amiga _____

_____

8. a Gumersinda y Don Tremendón _____

_____

Copyright © 1992 by Holt, Rinehart and Winston, Inc. All rights reserved.

Nombre: _____ Clase: _____ Fecha: _____

8.5   *(a) Complete las oraciones con una expresión con **tener**.*

EJEMPLO   Necesito un suéter ... —>   **Necesito un suéter porque tengo frío.**

1. Necesitamos comer _____

_____

2. No cometo errores; siempre _____

_____

3. Estamos solos en una casa oscura; se escuchan ruidos raros; _____

_____

4. Marisa quiere ir al cine, pero yo _____

_____

5. Quiero una cerveza fría _____

_____

6. Necesitas dormir más porque siempre _____

_____

7. Debes trabajar mucho si quieres _____

_____

8. Juan y José nunca ganan a las cartas _____

_____

9. Son las nueve menos veinte, tengo una clase a las ocho y media _____

_____

*(b) Usando una expresión con **dar**, invente una oración original con los elementos dados.*

1. una película de momias y vampiros _____

_____

2. los viernes día trece _____

_____

3. mi peor curso _____

_____

4. el sol a mediodía _____

_____

Copyright © 1992 by Holt, Rinehart and Winston, Inc. All rights reserved.

5. los inviernos _____

_____

6. algunos medicamentos_____

_____

8.6 *(a) Cambie las oraciones al presente progresivo.*

1. Morimos de risa en esa clase. _____

_____

2. Siempre sonríe ese chico. _____

_____

3. Oigo las campanas. _____

_____

4. Te digo algo importante. _____

_____

5. Mi hermano me enseña a usar la computadora. _____

_____

6. No les pedimos mucho a Uds. _____

_____

7. Javier lee y Miguel duerme. _____

_____

8. Jorge nos trae los tragos._____

_____

(b) Escriba oraciones originales en el presente progresivo, usando las frases a continuación.

1. escribir a máquina _____

_____

2. pagar una cuenta _____

_____

3. buscar el cheque _____

_____

4. arguir con el jefe _____

_____

5. soñar con _____

_____

Copyright © 1992 by Holt, Rinehart and Winston, Inc. All rights reserved.

Nombre: _____ Clase: _____ Fecha: _____

8.7 *(a) Complete las oraciones con **por** o **para**.*

1. Voy a trabajar _____ ocho horas. 2. Mi madre trabaja _____ una agencia de viajes. 3. Necesito tiempo _____ preparar el informe. 4. ¿_____ qué sirve ese aparato? 5. Te doy ciento diez dólares _____ tu bicicleta. 6. Ese dinero es _____ usted. 7. ¿_____ cuánto me vendes el refrigerador? 8. Como _____ vivir; no vivo _____ comer.

(b) Conteste las preguntas.

1. ¿Por cuánto tiempo estudias cada noche?

_____

2. ¿Para qué sirve una tarjeta de crédito?

_____

3. ¿Por cuánto dinero se consigue una casa modesta?

_____

4. ¿Para quién trabaja usted?

_____

5. ¿Tienen ustedes algo interesante para su profesor / a de español?

_____

6. ¿Por cuánto se vende una buena computadora?

_____

Copyright © 1992 by Holt, Rinehart and Winston, Inc. All rights reserved.

Vocabulario

1. ¿Cuál de estos objetos se manda por correo?

   a. una carta b. la suerte c. el éxito d. el impuesto

2. ¿Cómo se llama el dinero que recibe el gobierno?

   a. los reembolsos b. los impuestos c. el aumento d. los salarios

3. ¿Cómo se llama un gran negocio?

   a. el empleo b. el éxito c. la empresa d. la queja

4. ¿Quién saca cuentas en un negocio?

   a. la contadora b. el gerente c. el lechero d. la dueña

5. ¿Cómo se llama la persona que generalmente atiende a la gente en una tienda?

   a. la jefa b. el técnico c. la dependiente d. el portero

(b)   *¿Qué elementos de la primera columna se combinan con los de la segunda?*

1. la correspondencia	a. ___ seguir
2. la queja	b. ___ dar dinero por algo
3. el éxito	c. ___ el triunfo
4. el reembolso	d. ___ destruir con fuego
5. el aumento	e. ___ cartas, paquetes, etc.
6. buscar	f. ___ actividad auditiva
7. quemar	g. ___ dinero que se devuelve
8. escuchar	h. ___ un salario más alto
9. pagar	i. ___ demandar
10. pedir	j. ___ costar
	k. ___ de un cliente no satisfecho
	l. ___ tratar de encontrar

74

Copyright © 1992 by Holt, Rinehart and Winston, Inc. All rights reserved.

Segundo repaso

A. *Escriba oraciones completas usando los sujetos y verbos a continuación (§5.1, §5.2 y §5.3).*

1. mis amigos / comer _____

_____

2. yo / poner _____

_____

3. nosotros / aprender _____

_____

4. nadie / comprender _____

_____

5. yo / saber _____

_____

6. nosotros / aprender _____

_____

7. yo / hacer _____

_____

8. tú / ir _____

_____

9. yo / venir _____

_____

10. vosotros / beber _____

_____

11. yo / ir _____

_____

12. nosotros / venir _____

_____

Copyright © 1992 by Holt, Rinehart and Winston, Inc. All rights reserved.

B. *Ponga las oraciones en el futuro usando* ***ir + infinitivo*** *(§5.7).*

1. Comemos a las tres. _____

_____

2. Nadie llega tarde. _____

_____

3. Conversamos con Marisa. _____

_____

4. Tienes que limpiar la casa. _____

_____

5. Dorotea estudia para abogada. _____

_____

C. *Complete las oraciones con* ***hay*** *o una forma de* ***tener, ser*** *o* ***estar*** *(§2.3, §2.7, §4.5 y §5.5).*

1. Nosotros _____ de Nueva York, pero _____ en Madrid.

2. Mi abuela _____ ochenta y dos años, pero _____ muy bien.

3. _____ un restaurante al lado del Hotel Victoria. 4. _____ treinta personas aquí. 5. ¿ _____ Uds. frío? 6. La farmacia _____ cerrada ahora. 7. Mi bolsa _____ de cuero.

8. ¿Dónde _____ una farmacia en este barrio? 9. ¿De dónde _____ tu abuela? 10. Yo _____ demócrata. 11. Esas fotos _____ de mi mamá. 12. Yo _____ veintiún años.

13. Nosotros _____ mucha hambre. 14. Vosotros _____ estudiantes, ¿verdad? 15. ¿Qué día _____ hoy? 16. _____ la una y media. 17. Mi novio _____ alto y guapo. 18. ¿Quién _____ ausente hoy? 19. Tú siempre _____ sed.

20. ¿ _____ Ud. cansada?

Copyright © 1992 by Holt, Rinehart and Winston, Inc. All rights reserved.

Nombre: _____ Clase: _____ Fecha: _____

D. *Complete las oraciones con una expresión meteorológica apropiada (§5.5).*

1. En la primavera _____

2. Durante el mes de marzo _____

3. Durante el invierno _____

4. _____ en Puerto Rico durante el verano.

5. Voy a la playa cuando _____

6. No vamos a la playa ahora porque _____

E. *Escriba oraciones completas con los sujetos y verbos dados (§6.1, §6.2, §6.3 y §6.5).*

1. yo / pensar _____

_____

2. mi mejor amigo / jugar _____

_____

3. nosotros / cerrar _____

_____

4. Miguel / vivir _____

_____

5. los malos alumnos / devolver _____

_____

6. tú / poder _____

_____

7. yo / escribir _____

_____

8. Uds. / no entender _____

_____

9. yo / querer _____

_____

10. mis hijos / dormir _____

_____

11. esas flores / costar _____

_____

Copyright © 1992 by Holt, Rinehart and Winston, Inc. All rights reserved.

12. nosotros / no poder _____

_____

13. yo / no recordar _____

_____

14. nuestro equipo de fútbol / perder _____

_____

15. vosotros / dormir _____

_____

F.   *Complete las oraciones con la forma correcta de **jugar, tocar** o **poner** (§6.3).*

1. Voy a _____ un disco. 2. ¿Por qué no _____ Ud. el estéreo? 3. Sé _____ el piano un poco. 4. Nosotros _____ al béisbol durante el verano. 5. Yo _____ la flauta en la banda. 6. ¿Qué deportes _____ tú?

Copyright © 1992 by Holt, Rinehart and Winston, Inc. All rights reserved.

Nombre: _____ Clase: _____ Fecha: _____

G. *Conteste las preguntas en negativo(§6.6).*

1. ¿Hay alguien en la calle? _____

_____

2. ¿Tienes algo en el bolsillo? _____

_____

3. ¿Viene alguna chica contigo? _____

_____

4. ¿Van Uds. a veces a la playa? _____

_____

5. ¿Quiere Ud. hablar con alguien? _____

_____

6. ¿Tienes varios amigos en el coro? _____

_____

7. ¿Siempre vas a la ópera solo / a? _____

_____

8. ¿Buscas unas medias blancas? _____

_____

9. ¿Tienes pan y vino? _____

_____

10. Javier va al cine, pero yo no. ¿Vas tú? _____

_____

H. *Conteste las preguntas con un complemento directo pronominal (§7.1 y §7.5).*

1. ¿Sabes mi número de teléfono? _____

_____

2. ¿Vas a visitarme mañana? _____

_____

3. ¿Nos reconoces? _____

_____

4. ¿Cuándo quieres ver mis fotos? _____

_____

Copyright © 1992 by Holt, Rinehart and Winston, Inc. All rights reserved.

5. ¿Cada cuándo riegas tus plantas? _____

_____

6. ¿Dónde tienes tu dinero? _____

_____

7. ¿Dónde guardan Uds. el coche? _____

_____

8. ¿Tocas el piano mucho? _____

_____

9. ¿Conoces a María? _____

_____

10. ¿Lo / la conoce Juana a Ud.? _____

_____

I. *Complete las oraciones con **que** o una preposición si es necesario (§7.2, §7.3 y §8.1).*

1. No veo _____ nadie cuando veo _____ televisión. 2. ¿Qué piensas _____ la nueva amiga de Teresa? 3. Si voy _____ bailar contigo, tienes _____ aprender _____ bailar mejor. 4. No podemos _____ invitarte _____ cenar esta noche. 5. Debes _____ tratar _____ dejar _____ fumar; un día de estos el tabaco te va _____ matar. 6. ¿ _____ qué consiste este plato? 7. Asisto _____ clase para aprender _____ hablar mejor. 8. Esperamos _____ el taxi en la esquina. 9. Busco _____ mi abrigo cuando salgo _____ clase. 10. Vamos _____ escuchar _____ discos esta noche. 11. ¿Quién paga _____ el vino hoy? 12. Pienso _____ ir _____ España este verano. 13. Quiero mucho _____ mis hermanos. 14. Comienzo _____ estudiar después _____ cenar. 15. Quiero _____ conocer _____ tus vecinas.

Copyright © 1992 by Holt, Rinehart and Winston, Inc. All rights reserved.

Nombre: _____ Clase: _____ Fecha: _____

J. *Complete las oraciones con una frase de clarificación o de énfasis (§8.4).*

1. Mis padres me prestan dinero _____

2. Nadie le explica el problema _____

3. Deben darnos las gracias _____

4. Tengo que prepararle la cena _____

5. Voy a regalarles una bicicleta _____

K. *Conteste las preguntas con un complemento indirecto pronominal (§8.3 y §8.4).*

1. ¿Quién te presta dinero cuando lo necesitas? _____

_____

2. ¿A quién le prestas dinero cuando esa persona lo necesita? _____

_____

3. ¿Quién te prepara la comida en tu casa? _____

_____

4. ¿A quién le pides ayuda cuando la necesitas? _____

_____

5. ¿Vas a darme una explicación? _____

_____

6. ¿Qué vas a tocarnos con tu guitarra? _____

_____

7. ¿A quién le entregan Uds. las composiciones? _____

_____

8. ¿Quién te lava la ropa? _____

_____

9. ¿Quién le corta el pelo a su padre? _____

_____

10. ¿Qué haces si un niño te pide una cerveza? _____

_____

Copyright © 1992 by Holt, Rinehart and Winston, Inc. All rights reserved.

Capítulo 9
De vacaciones y de compras

9.1   *Invente una oración con **pedir** o **preguntar** y los elementos dados.*

MODELO Isabel / a Jorge / dónde —> **Isabel le pregunta a Jorge dónde vive.**

1. Miguel / un recibo al dependiente _____

_____

2. nosotros / al profesor / si _____

_____

3. Ana y Raúl / a Micaela / si _____

_____

4. Flora / un reembolso / al gerente _____

_____

5. los profesores / a los estudiantes / si _____

_____

6. Javier / información / a María _____

_____

7. Mi hermano y yo / a mis padres / qué _____

_____

8. Papá / a mamá / a qué hora_____

_____

9.2   *(a) Reemplace las palabras en negrilla con pronombres.*

1. El jefe presta **su coche a su secretaria.**

_____

2. Mariana lee **el cuento a su hermano menor.**

_____

3. Esa compañía siempre nos acepta **los cheques.**

_____

Copyright © 1992 by Holt, Rinehart and Winston, Inc. All rights reserved.

4. El dependiente muestra **los aparatos a los clientes**.

_____

5. Mario le compra **una máquina de escribir a Rafael**.

_____

6. Mis padres van a vender **su casa a mi tío**.

_____

7. Javier quiere regalar **el anillo a su novia**.

_____

8. Vamos a darles **el recibo** a ellos.

_____

(b) Conteste las preguntas con oraciones completas. Emplee dos complementos pronominales en las respuestas.

1. ¿Quién te presta dinero para compras caras?

_____

2. ¿Siempre entregan las compañías la mercancía a tiempo?

_____

3. ¿Quién les vende libros de texto a Uds.?

_____

4. ¿Les pides recibos a las tiendas a veces?

_____

5. ¿Quiénes le reparan su coche a Ud.?

_____

6. ¿Quién va a venderte sus libros el año que viene?

_____

7. ¿A quién le pides ayuda cuando no comprendes algo?

_____

8. ¿Quieres regalarme tu coche, tu televisor y tu casa?

_____

Copyright © 1992 by Holt, Rinehart and Winston, Inc. All rights reserved.

Nombre: _____ Clase: _____ Fecha: _____

9.3 *(a) Usted trabaja en un hotel y tiene que contestar las preguntas de sus clientes con el imperativo formal. Preste atención al número de personas que hace la pregunta.*

EJEMPLO   ¿Subimos al cuarto ahora? —>   **Sí, suban ustedes por favor.**

1. ¿Puedo dejar las maletas aquí con Ud.?

_____

2. ¿Debemos abandonar el cuarto a mediodía?

_____

3. ¿Tenemos que pagar la televisión con anticipación?

_____

4. ¿Podemos quedarnos una noche más en este hotel?

_____

5. ¿Podemos tomar la excursión al lago mañana?

_____

6. ¿Puedo salir por esa puerta?

_____

7. ¿Debo marcar el número nueve antes de marcar un número de teléfono?

_____

8. ¿Podemos tomar el agua de la ciudad?

_____

(b) Responda en negativo a las preguntas de la sección anterior.

1. _____
2. _____
3. _____
4. _____
5. _____
6. _____
7. _____
8. _____

Copyright © 1992 by Holt, Rinehart and Winston, Inc. All rights reserved.

(c) Usando los verbos que están entre paréntesis, responda con un mandato a las preguntas a continuación.

MODELO   ¿Cómo llego a la autopista? (seguir)
—>   **Siga esa calle hasta el final y allí está la entrada.**

1. ¿Dónde están los grandes almacenes? (ir, cruzar)

_____

_____

2. ¿Dónde hay un banco? (caminar, doblar)

_____

_____

3. ¿Cómo llego a la catedral? (ir, dar vuelta)

_____

_____

4. ¿Por dónde pasan los autobuses? (esperar)

_____

_____

5. ¿Cómo llegamos al mercado? (ir, cruzar)

_____

_____

Copyright © 1992 by Holt, Rinehart and Winston, Inc. All rights reserved.

Nombre: _____ Clase: _____ Fecha: _____

9.4   *Invente una oración usando los elementos a continuación y una forma de **todo**.*

MODELO   la noche —> **Paso toda la noche estudiando y leyendo.**

1. las mini-series _____

_____

2. los jugadores de fútbol _____

_____

3. mis amigas _____

_____

4. los días _____

_____

5. los discos recientes _____

_____

6. mis deudas _____

_____

7. las cosas que están de oferta _____

_____

8. los precios originales _____

_____

9. la ropa de verano _____

_____

10. los anuncios comerciales de televisión _____

_____

9.5   *(a) Complete las oraciones a continuación con la forma correcta de **gustar**.*

1. Me _____ las liquidaciones de invierno. 2. ¿Qué clase de ropa te

_____? 3. ¿Te _____ comer helado durante el invierno?

4. ¿A vosotros os _____ comprar por catálogo? 5. ¿A Ricardo le

_____ su nueva tarjeta de crédito? 6. No me _____ las cosas

que están de oferta.

Copyright © 1992 by Holt, Rinehart and Winston, Inc. All rights reserved.

(b) Complete las oraciones con el pronombre correcto del complemento indirecto.

1. A Javier _____ gusta trabajar en el banco. 2. A nosotros no _____ gusta la mercancía allí. 3. A mí no _____ gusta esperar las liquidaciones. 4. A Ana y a Raúl _____ gusta ir de compras juntos. 5. ¿Qué _____ gusta a vosotros?

(c) Conteste las preguntas con oraciones completas.

1. ¿Cuándo te gusta ir de compras? _____
_____

2. ¿Te gusta comprar toda tu ropa en la misma tienda? _____
_____

3. ¿A tu padre le gusta comprar comida? _____
_____

4. ¿A quién le gusta cocinar en tu casa? _____
_____

5. Por lo general, ¿os gustan las cosas que están de oferta? _____
_____

6. ¿A tus padres les gusta pagar con tarjeta de crédito o al contado?
_____

7. ¿Qué le gusta más a tu mejor amigo? _____
_____

8. ¿Dónde le gusta a Ud. comprar sus zapatos? _____
_____

9.6 *Complete las oraciones con un artículo definido si es necesario.*

1. No me gustan_____programas de juegos. 2. Hay_____nieve en la calle. 3. Tengo miedo de_____tormentas. 4. Los alumnos le tienen_____afecto a su profesor. 5. Ya no como_____carne. 6. Creo que Ricardo va a tocar_____ música de Scarlatti.

7. _____perro es un animal útil. 8. Nos gusta_____ pizza que hacen en ese lugar.

9. _____aborto y_____divorcio están prohibidos en algunos países hispanos.

10. _____cerveza mexicana es buena.

Copyright © 1992 by Holt, Rinehart and Winston, Inc. All rights reserved.

Nombre: _____ Clase: _____ Fecha: _____

9.7 *(a) Complete las oraciones con una forma de **doler** y la parte del cuerpo más lógica.*

EJEMPLO   Cuando corro demasiado ... —> **Cuando corro demasiado me duelen los pies.**

1. Cuando Ricardo canta demasiado _____

_____

2. Cuando mis padres leen demasiado _____

_____

3. Cuando Don Tremendón come demasiado _____

_____

4. Cuando María toma demasiado vino _____

_____

5. Cuando tú bailas demasiado _____

_____

6. Cuando Atila nada demasiado _____

_____

7. Cuando yo cambio mis muebles de un sitio a otro _____

_____

8. Cuando miramos demasiada televisión _____

_____

(b) Escriba una oración equivalente a las oraciones dadas usando el verbo que está entre paréntesis.

EJEMPLO   Juana debe trabajar más. (convenir)
              —> **A Juana le conviene trabajar más.**

1. Necesito estudiar esta noche. (hacer falta) _____

_____

2. Creemos que ese estéreo es fabuloso. (fascinar) _____

_____

3. Tenemos interés en comprar esa casa. (interesar) _____

_____

4. Detesto las revistas pornográficas. (repugnar) _____

_____

Copyright © 1992 by Holt, Rinehart and Winston, Inc. All rights reserved.

5. Los niños están muy contentos con su nueva pelota. (gustar) _____

_____

6. Eduardo no puede dormir a causa del ruido. (molestar) _____

_____

7. Marisa piensa mucho en conseguir los mejores precios. (importar)_____

_____

8. Debes comprar las cosas que están de oferta. (convenir) _____

_____

Vocabulario

¿Qué elementos de la primera columna corresponden a los de la segunda?

1. el costo
2. el equipaje
3. el botones
4. la habitación
5. la aduana
6. el puente
7. empacar
8. la señal
9. la divisa
10. doblar
11. la ganga
12. la liquidación
13. la boca
14. la oreja
15. el cuello

a. ___ que cruza un río
b. ___ dar la vuelta
c. ___ hacer las maletas
d. ___ un semáforo, por ejemplo
e. ___ el precio
f. ___ la espalda
g. ___ los labios, la lengua, etc.
h. ___ cuarto de hotel
i. ___ las maletas
j. ___ de muy buen precio
k. ___ entre los hombros y la cabeza
l. ___ el regateo
m. ___ órgano auditivo
n. ___ donde se cobran tarifas
o. ___ donde hay muchas gangas
p. ___ hombre que recoge las maletas
q. ___ la moneda nacional

Copyright © 1992 by Holt, Rinehart and Winston, Inc. All rights reserved.

Capítulo 10
Las noticias

10.1 *(a) Escriba las oraciones en pretérito.*

1. Dos coches chocan.

_____

2. Fumas demasiado.

_____

3. Llamo a mi novio después de comer.

_____

4. La fiesta comienza a las ocho.

_____

5. Los chicos llegan tarde.

_____

6. Mi padre me regala un reloj.

_____

7. Rafael llega esta tarde.

_____

8. Dos ladrones entran en la casa y roban el televisor.

_____

9. La policía arresta a los dos criminales.

_____

10. El crimen nunca triunfa.

_____

Copyright © 1992 by Holt, Rinehart and Winston, Inc. All rights reserved.

(b) Conteste las preguntas con oraciones completas.

1. ¿A quién llamaste?

_____

2. ¿En qué año llegó Colón a América?

_____

3. ¿Quién mató al Presidente Lincoln?

_____

4. ¿Qué películas del año pasado te gustaron más?

_____

5. ¿Llegaron todos Uds. a clase hoy a la misma hora?

_____

6. ¿Escuchaste las noticias anoche?

_____

7. ¿Quiénes hablaron con Don Tremendón ayer?

_____

8. ¿Qué proyecto terminaste la semana pasada?

_____

Copyright © 1992 by Holt, Rinehart and Winston, Inc. All rights reserved.

10.2 *(a) Escriba las oraciones (o preguntas) en pretérito.*

1. Vamos al parque.

_____

2. ¿Quién es ese señor?

_____

3. Marci va con la secretaria.

_____

4. María y sus amigas van a ver una película.

_____

5. ¿Vas al picnic de Enrique?

_____

6. Los exámenes de este año no son difíciles.

_____

7. Sois brillantes.

_____

8. Desde ese momento, somos amigos.

_____

9. Hay muchos robos en esta zona.

_____

10. Soy una excelente alumna.

_____

11. Voy con ustedes.

_____

12. No hay ningún problema.

_____

(b) Conteste las preguntas con oraciones completas.

1. ¿Qué hubo en tu casa anoche — una fiesta o un escándalo?

_____

2. ¿Con quién fuiste al cine la última vez?

_____

Copyright © 1992 by Holt, Rinehart and Winston, Inc. All rights reserved.

3. ¿Quiénes fueron al baile?

_____

4. ¿Fuiste un / a buen / a estudiante en la primaria?

_____

5. ¿Hubo muchos crímenes en tu ciudad el año pasado?

_____

6. ¿Cuántos no fueron a clase ayer?

_____

7. ¿Quiénes fueron tus mejores amigos en la secundaria?

_____

8. ¿Fuisteis tú y vuestros amigos a México alguna vez?

_____

Copyright © 1992 by Holt, Rinehart and Winston, Inc. All rights reserved.

10.3 *(a) Escriba las oraciones (o preguntas) en pretérito.*

1. Duermo poco.

   _____

2. Rafael me comprende muy bien.

   _____

3. Guillermo y Aída vuelven temprano.

   _____

4. Viviana sube al tren sola.

   _____

5. Mis padres viven en Alemania.

   _____

6. ¿Me devuelves los libros?

   _____

7. Comemos en ese restaurante.

   _____

8. ¿Veis muchas películas?

   _____

9. ¿Ves a aquel hombre?

   _____

10. ¿Recibes mucha correspondencia?

    _____

(b) Invente oraciones en pretérito con los elementos dados.

1. Anoche / ir

   _____

2. Ayer / ver

   _____

3. Anteayer / escuchar

   _____

4. La semana pasada / comprar

   _____

Copyright © 1992 by Holt, Rinehart and Winston, Inc. All rights reserved.

5. A mí / gustar

_____

6. El lunes / recibir

_____

7. El sábado / comer

_____

8. Colón / descubrir

_____

9. El domingo pasado / comer

_____

10. A mí me / parecer

_____

Copyright © 1992 by Holt, Rinehart and Winston, Inc. All rights reserved.

Nombre: _____ Clase: _____ Fecha: _____

10.4 *(a) Marisa está narrando algunos de los grandes momentos del día. ¿Qué dice? (Ponga los verbos entre paréntesis en pretérito).*

Yo (llegar) _____ a la oficina un poco tarde. Le (explicar)

_____ a mi jefe que (llegar) _____ tarde porque un policía me

(dar) _____ una multa. (Comenzar) _____ a trabajar

inmediatamente. (Sacar) _____ unos informes del archivo y (empezar)

_____ a leer. (Marcar) _____ los pasajes más importantes con una

pluma roja. (Almorzar) _____ con una amiga y (pagar)

_____ la cuenta por las dos. (Volver) _____ a la oficina y (trabajar)

_____ hasta las cinco. A las cinco y media (regresar) _____ a

casa, feliz pero cansada.

(b) Escriba oraciones originales en pretérito usando los elementos dados.

1. Juan / leer _____

_____

2. nosotros / creer _____

_____

3. Elsa / oír _____

_____

4. vosotros / leer _____

_____

5. uno de mis amigos / construir _____

_____

6. tú / creer _____

_____

7. la tormenta / destruir _____

_____

8. las inundaciones / destruir _____

_____

Copyright © 1992 by Holt, Rinehart and Winston, Inc. All rights reserved.

10.5 *(a) Usando **hace ... que**, escriba una oración basada en la información dada; escriba los números con palabras.*

MODELO   Mi abuela nos visitó el año pasado.
              —> **Hace un año que mi abuela nos visitó.**

1. Colón llegó a América en 1492.

_____

_____

2. Guillermo el Conquistador conquistó Inglaterra en 1066.

_____

_____

3. J.S. Bach nació en 1685.

_____

_____

4. Cervantes publicó la primera parte de *Don Quijote* en 1605.

_____

_____

5. Gumersinda conoció a otro novio el domingo.

_____

_____

6. Las clases comenzaron en septiembre.

_____

_____

*(b) Invente una pregunta con **hace ... que** para las respuestas dadas.*

1. Llegué a esta ciudad hace diez años. _____

_____

2. Los chicos partieron hace tres horas. _____

_____

3. Compramos esa máquina de escribir hace un mes. _____

_____

4. Me dieron un aumento hace ocho días. _____

_____

5. Hace cuatro años que entré en esta universidad. _____

_____

Copyright © 1992 by Holt, Rinehart and Winston, Inc. All rights reserved.

6. Hace dos años que mi esposa me dio este reloj. _____

_____

*(c) Escriba oraciones originales con **hace ... que** y las expresiones dadas.*

1. arrestar a un criminal _____

_____

2. chocar _____

_____

3. destruir _____

_____

4. robar _____

_____

5. ganar _____

_____

6. devolver _____

_____

7. recibir un cheque por correo _____

_____

8. empatar _____

_____

10.6 *Conteste las preguntas según el modelo.*

MODELO   ¿Cuándo llegó tu primo? —> **Acaba de llegar.**

1. ¿Cuándo se fueron tus tíos?

_____

2. ¿Cuándo viste el accidente?

_____

3. ¿A qué hora terminó el programa?

_____

4. ¿Cuándo compró Javier ese coche?

_____

Copyright © 1992 by Holt, Rinehart and Winston, Inc. All rights reserved.

5. ¿A qué hora llegaron Uds.?

Vocabulario

¿Qué elementos de la primera columna se combinan con los de la segunda?

1. los ladrones	a. ___ otra vez
2. el terremoto	b. ___ los bisabuelos, por ejemplo
3. el asunto	c. ___ varias batallas en conjunto
4. el choque	d. ___ corregir
5. el diluvio	e. ___ empezar a vivir
6. el suceso	f. ___ acontecer
7. asesinar	g. ___ gente que roba
8. suceder	h. ___ el tema
9. es decir	i. ___ la colisión
10. nacer	j. ___ inmediatamente
11. de nuevo	k. ___ ataque o robo personal
12. los antepasados	l. ___ el acontecimiento
13. la guerra	m. ___ la inundación
14. en seguida	n. ___ matar
15. el asalto	o. ___ empatar
	p. ___ en otras palabras
	q. ___ un desastre geológico

Copyright © 1992 by Holt, Rinehart and Winston, Inc. All rights reserved.

Capítulo 11
La narración y la historia

11.1 *(a) Escriba las oraciones de nuevo en el imperfecto.*

1. Yo hablo por teléfono con frecuencia.

_____

2. Ellos no piensan que tomas.

_____

3. Necesitamos ese libro.

_____

4. ¿Cómo se llama la chica que está con Roberto?

_____

5. Pensamos que la película comienza a las diez y media.

_____

6. No estudio en la biblioteca porque la gente charla demasiado.

_____

7. No estoy haciendo nada.

_____

(b) Escriba oraciones originales en el imperfecto usando los elementos dados.

1. Miguel / trabajar

_____

2. yo / recordar

_____

3. las alumnas / charlar

_____

4. nosotros / necesitar

_____

5. tú / tomar

_____

Copyright © 1992 by Holt, Rinehart and Winston, Inc. All rights reserved.

6. vosotros / pensar

_____

7. papá / estar viendo televisión

_____

8. los futbolistas / estar jugando

_____

11.2 *(a) Escriba las oraciones de nuevo en el imperfecto.*

1. Debo hablar con mi jefe.

_____

2. Tenemos que sacar cuentas.

_____

3. Javier lee en el jardín.

_____

4. Mientras yo pongo la mesa, Jorge barre el piso.

_____

5. Cada vez que llegamos temprano, los profesores nos dicen algo lindo. _____

_____

6. ¿No queréis conocer el museo?

_____

(b) Conteste las preguntas con oraciones completas.

1. ¿Dónde vivías cuando tenías cuatro años? _____

_____

2. ¿Dónde vivían tus abuelos cuando tenías diez años? _____

_____

3. ¿Qué tiempo hacía ayer? _____

_____

4. ¿Dónde comían Ud. y sus mejores amigos el semestre pasado? _____

_____

Copyright © 1992 by Holt, Rinehart and Winston, Inc. All rights reserved.

Nombre: _____ Clase: _____ Fecha: _____

11.3 *Complete las oraciones con la forma correcta del imperfecto de los verbos entre paréntesis.*

Cuando yo (ser) _____ muy joven, (ir) _____ al parque con mi

abuela, o por lo menos, nosotros (ir) _____ al parque cuando no (hacer)

_____ frío. Nosotros no (ser) _____ los únicos allí.

Nuestros vecinos también (ir) _____ con mucha frecuencia. En el parque

nosotros (ver) _____ casi todos los días a los vecinos. El hijo de los

vecinos, que (tener) _____ tantos años como yo, me (saludar)

_____ cuando me (ver) _____, y yo lo (invitar)

_____ a jugar a la pelota. Nosotros (volver) _____ a casa antes de la

noche, y yo siempre (leer) _____ un poco antes de dormirme.

11.4 y 11.5 *(a) A continuación se encuentra una pequeña historia sobre las aventuras de un muchacho precoz. Estudie el contexto de cada verbo y seleccione la forma más indicada del pretérito o del imperfecto.*

Amor, Belleza y Religión

Cuando yo (ser) _____ niño, mi abuela, que (ser) _____

muy devota, me (hacer) _____ asistir a la iglesia con ella todos los

domingos. No me (gustar) _____ las reuniones de la iglesia porque, para

decirlo francamente, yo (preferir) _____ jugar al béisbol o ver televisión a

ir a la iglesia con mi abuela.

Un día mientras ella y yo (caminar) _____ hacia la iglesia, yo (notar)

_____ que una chica bellísima que (asistir) _____ a mi escuela

(caminar) _____ en la misma dirección que nosotros. Yo no la (conocer)

_____ y por esta razón le (preguntar) _____ a mi abuela si ella

(saber) _____ quién (ser) _____ esa hermosa criatura. Pero

mi abuela me (contestar) _____ que yo (deber) _____ estar

pensando en la salvación y no en las mujerzuelas que (andar) _____ por la

calle.

Nosotros (llegar) _____ a la iglesia, y (entrar) _____ por la

puerta mayor. (Encontrar) _____ dos asientos cerca de donde el cura (ir)

_____ a pronunciar el sermón. Yo (anticipar) _____ una hora

de tortura total, cuando de repente *(¡O Dulce Visión!)* (notar) _____ que

Copyright © 1992 by Holt, Rinehart and Winston, Inc. All rights reserved.

una chica con pelo largo y hermoso (buscar) _____ dónde sentarse.
¡¡¡(Ser) _____ ella!!! La mujer de mis sueños, o por lo menos de mis sueños más recientes.

   Yo (pasar) _____ la hora que (durar) _____ el servicio mirándola. Despúes de la reunión mi abuela me (preguntar) _____ qué opinión (tener) _____ yo del servicio. Le (contestar) _____ que yo (estar) _____ muy emocionado por el servicio y que en el futuro yo nunca (ir) _____ a faltar a la iglesia.

Copyright © 1992 by Holt, Rinehart and Winston, Inc. All rights reserved.

Nombre: _____ Clase: _____ Fecha: _____

(b) A continuación se encuentra una pequeña historia sobre un excelente amigo de la humanidad. Complete la historia con las formas correctas del pretérito o del imperfecto de los verbos que están entre paréntesis.

Una historia canina

Cuando yo (tener) _____ cuatro años, (vivir) _____ en México. Yo (estar) _____ muy contento allí, porque generalmente (hacer) _____ muchas cosas interesantes. Casi todos los días (ir) _____ con mis amigos al campo a jugar. A veces nosotros (nadar) _____ en el río, y recuerdo que una vez yo (lograr) _____ capturar un pez. (Ser) _____ muy sabrosos los pescados de México.

Yo (vivir) _____ con una familia muy simpática, pero un día (pasar) _____ una cosa muy rara. Mientras yo (tomar) _____ sol en el patio, la señora de la casa (llegar) _____ y (empezar) _____ a hablarme en ese idioma extraño que ella y su familia siempre (hablar) _____ . Ella me (explicar) _____ algo que yo no (entender) _____ y entonces me (agarrar) _____ de la cabeza, me (abrir) _____ la boca y me (obligar) _____ a tomar una medicina. Entonces me (dejar) _____ .

(Pasar) _____ cinco minutos, y de repente yo (dormirse) _____ aunque (ser) _____ mediodía y yo no (estar) _____ cansado. Entonces (llegar) _____ la señora y su esposo, ellos me (despertar) _____ y me (llevar) _____ al coche. Yo me (sentir) _____ tan mal que no (poder) _____ caminar.

Nosotros (viajar) _____ toda la noche. Cada dos horas ellos me (obligar) _____ a tomar más medicina. Por fin, nosotros (llegar) _____ a una pequeña oficina con una bandera. (Salir) _____ un hombre que (usar) _____ un uniforme gris. El hombre me (mirar) _____ por la ventana y le (preguntar) _____ algo a la señora. La señora (contestar) _____ .

—No hay problema con él. Es un excelente perro.

Copyright © 1992 by Holt, Rinehart and Winston, Inc. All rights reserved.

11.6 *Escriba oraciones originales usando las expresiones a continuación.*

1. a pesar de _____

_____

2. por lo tanto _____

_____

3. es decir _____

_____

4. por un lado ... por otro lado _____

_____

5. aunque _____

_____

6. sin embargo _____

_____

7. al mismo tiempo _____

_____

8. sin duda _____

_____

9. en parte _____

_____

10. al final de _____

_____

11. al + *infinitivo* _____

_____

Copyright © 1992 by Holt, Rinehart and Winston, Inc. All rights reserved.

Nombre: _____ Clase: _____ Fecha: _____

Vocabulario

(a)   *Conteste las preguntas.*

1.   ¿Quién dirige un imperio?

   a. un emperador
   b. un príncipe
   c. un lunar
   d. un conde

2.   ¿Cómo se llama el esposo de la reina?

   a. el vencedor
   b. el rey
   c. el marqués
   d. el dibujo

3.   ¿Cómo se llama la época de Voltaire, Locke y Rousseau?

   a. el Renacimiento
   b. el Romanticismo
   c. la Reforma Protestante
   d. la Ilustración

4.   ¿En qué movimiento actuaron Calvino, Lutero y Cranmer?

   a. la guerra civil española
   b. la conquista de América
   c. la Reforma Protestante
   d. la revolución bolchevique

5.   ¿Cuál de estas figuras pagó el primer viaje de Cristóbal Colón?

   a. el rey de Italia
   b. la reina de España
   c. el Duque de Alba
   d. la princesa maldita de Malabia

Copyright © 1992 by Holt, Rinehart and Winston, Inc. All rights reserved.

(b)   *¿Qué elementos de la primera columna se combinan con los de la segunda?*

1. la mayoría
2. los minoritarios
3. el sueño
4. los rebeldes
5. la historiadora
6. a la vez
7. el reino
8. la potencia
9. los santos
10. merecer
11. vencer
12. la corona
13. la llegada
14. el prejuicio
15. la dirigente

a. ___ el poder
b. ___ gente revolucionaria
c. ___ juicio previo, sin evidencia
d. ___ al mismo tiempo
e. ___ el deber
f. ___ el acto de llegar, el arribo
g. ___ más de la mitad
h. ___ visión nocturna, ambición
i. ___ derrotar
j. ___ el territorio gobernado por reyes
k. ___ lograr
l. ___ Pedro y Teresa, por ejemplo
m. ___ alguien que gobierna
n. ___ gente que no forma un 50%
o. ___ tener derecho a algo
p. ___ una persona que escribe historia
q. ___ símbolo del poder real

Copyright © 1992 by Holt, Rinehart and Winston, Inc. All rights reserved.

Capítulo 12
La familia y los antepasados

12.1 *(a) Escriba las oraciones de nuevo en el pretérito.*

1. Pongo la mesa antes de traer la comida. _____

_____

2. ¿No vienes hoy? _____

_____

3. Se produce menos petróleo en México este año. _____

_____

4. Mis primos hacen poco durante el verano. _____

_____

5. Mis tíos dicen muchas cosas interesantes sobre mi madre. _____

_____

6. Mi cuñado viene con el vino. _____

_____

7. Yo traigo el traje. _____

_____

8. Mi madre propone algo interesante para mañana. _____

_____

(b) Escriba oraciones originales en el pretérito usando los elementos dados.

1. Mi tío favorito / poner _____

_____

2. El presidente / proponer _____

_____

3. Beti / hacer _____

_____

4. yo / traer _____

_____

Copyright © 1992 by Holt, Rinehart and Winston, Inc. All rights reserved.

5. La IBM / producir _____

_____

6. tú / venir _____

_____

7. nosotros / decir _____

_____

12.2 *Usando la información que está en itálica, complete las oraciones con el pretérito o el imperfecto de los verbos entre paréntesis.*

1. Los niños (querer) _____ vender bombones en el mercado central. *trataron de vender bombones* 2. Yo no (saber) _____ la dirección. *el hablante no tenía conocimiento de la dirección* 3. Ellos no me (conocer) _____ cuando yo vivía en Michoacán. *no éramos amigos* Me (conocer) _____ en Lima. *nos presentó un amigo mutuo* 4. Después de una larga investigación, la policía (saber) _____ el nombre del criminal. *antes de la investigación no sabían su nombre* 5. Dijo María que (poder) _____ ir al cine, pero que no le interesaba. *María tenía tiempo de ir al cine* 6. Hicimos un esfuerzo épico, y por fin (poder) _____ abrir la ventana. *el intento tuvo éxito* 7. Rubén llamó a la casa, pero María no (querer) _____ hablar con él, y su madre tuvo que improvisar un pretexto. *María rehusó hablar con él* 8. Yo (saber) _____ que estabas enfermo en una conversación que tuve con tu mamá. *antes de la conversación, no sabía que estabas enfermo* 9. Violamos todas las leyes de tránsito, pero no (poder) _____ llegar a tiempo. *hicimos un intento pero sin éxito* 10. Yo (saber) _____ que tu cena iba a ser un gran éxito. *pensaba antes de la cena que iba a ser un éxito* 11. Jorge y Martín (tener) _____ que tomar un taxi. *su coche dejó de funcionar* 12. Graciela (estar) _____ en casa anoche. *Graciela se encontraba en casa* 13. Los artistas (estar) _____ en el concierto a las ocho en punto. *llegaron* 14. Mi padre (tener) _____ una buena noticia ayer. *recibió una buena noticia*

Copyright © 1992 by Holt, Rinehart and Winston, Inc. All rights reserved.

Nombre: _____ Clase: _____ Fecha: _____

12.3 *(a) Conteste las preguntas según el modelo.*

MODELO ¿Qué hace Juan? No sé ... —> **No sé lo que hace.**

1. ¿Qué dicen los abuelos? No oigo

_____

2. ¿Qué pasó allí? No puedo ver

_____

3. ¿Qué compró Mario? No me dijo

_____

4. ¿Qué hizo Ana anoche? No sabemos

_____

5. ¿Qué trajeron tus primos? No se sabe

_____

(b) Complete las oraciones de forma original.

1. Me gustó mucho lo que _____

_____

2. No comprendimos lo que _____

_____

3. Lo que nos gusta _____

_____

4. Lo que me dijiste _____

_____

5. Me parece imposible lo que _____

_____

6. Nadie estaba de acuerdo con lo que _____

_____

Copyright © 1992 by Holt, Rinehart and Winston, Inc. All rights reserved.

12.4 *Escriba oraciones originales combinando* **lo** *con los adjetivos dados.*

MODELO   más importante —> **Lo más importante en la vida es el amor.**

1. bueno _____

_____

2. malo _____

_____

3. absurdo _____

_____

4. ridículo _____

_____

5. mejor _____

_____

6. más lógico _____

_____

7. más interesante _____

_____

8. peor _____

_____

Copyright © 1992 by Holt, Rinehart and Winston, Inc. All rights reserved.

Nombre: _____ Clase: _____ Fecha: _____

12.5 *(a) Escriba las oraciones de nuevo en el pretérito.*

1. Los niños duermen mucho después del viaje. _____

_____

2. Yo duermo poco. _____

_____

3. Mi compadre come el pescado y le duele el estómago. _____

_____

4. Nosotros nunca mentimos. _____

_____

5. Mis ahijados nunca mienten tampoco. _____

6. Los estudiantes repiten las frases en voz alta. _____

_____

7. Muchos soldados mueren en la guerra. _____

_____

8. Mis tíos vuelven temprano. _____

_____

9. Mis abuelos siguen la historia hasta el final. _____

_____

10. Mis sobrinos me piden bombones. _____

_____

11. ¿Qué pides tú? _____

_____

12. Mi tía abuela duerme en un hotel. _____

_____

(b) Escriba oraciones originales en el pretérito usando los elementos dados.

1. mi madrina / dormir _____

_____

2. mis cuñados / pedir _____

_____

Copyright © 1992 by Holt, Rinehart and Winston, Inc. All rights reserved.

3. muchas cucarachas / morir _____

_____

4. mi compadre / conseguir _____

_____

5. los nietos de una vecina / mentir _____

_____

12.6 *Escriba oraciones originales con* **hubo** *o* **había**, *usando los sujetos dados.*

1. incendio _____

_____

2. choque de cinco automóviles _____

_____

3. muchos árboles _____

_____

4. una pelea entre vecinos _____

_____

5. un hermoso cuadro _____

_____

6. dos baños y cuatro dormitorios _____

_____

7. una discusión animada _____

_____

8. una peluquería y una pastelería _____

_____

Copyright © 1992 by Holt, Rinehart and Winston, Inc. All rights reserved.

Nombre: _____ Clase: _____ Fecha: _____

12.7 *(a) Invente preguntas para las respuestas dadas usando* **qué, cuál** *o* **cuáles**.

1. Una tía abuela es la hermana de tu abuela.

_____

2. Mis nietos son médicos.

_____

3. Mi dirección es Lavalle, 1814, 4º B.

_____

4. El compadrazgo es una vieja institución social hispana.

_____

5. Nuestros primos italianos son aquellos chicos sentados en aquella banca.

_____

6. El teléfono de Ricardo es 842-1810.

_____

7. Mi color favorito es el azul.

_____

8. Una esfera es una figura geométrica.

_____

(b) Complete las oraciones de forma original.

1. No fui al cine a causa de _____

_____

2. Comimos poco porque _____

_____

3. No vino mi madrina a causa de _____

_____

4. Los señores Gómez son mis padrinos porque _____

_____

5. Mi tío abuelo está enfermo porque _____

_____

6. Todos se fueron temprano a causa de _____

_____

Copyright © 1992 by Holt, Rinehart and Winston, Inc. All rights reserved.

Vocabulario

¿Qué elementos de la primera columna se combinan con los de la segunda?

a. ___ contrario de la vida

1. inolvidable
2. estar equivocado
3. la sobrina
4. los nietos
5. dar a luz
6. el casamiento
7. los cuñados
8. el tío abuelo
9. mientras tanto
10. pelear
11. gritar
12. besar
13. colgar
14. la muerte
15. estar de acuerdo

b. ___ hablar fuertemente
c. ___ terminar una conversación telefónica
d. ___ tener la misma opinión
e. ___ los hermanos de mi esposo
f. ___ acto de amistad o de intimidad
g. ___ los hijos de mis padres
h. ___ estar en el error
i. ___ memorable
j. ___ disputar
k. ___ apenas
l. ___ la hija de mi hermano
m. ___ los hijos de mis hijos
n. ___ durante el mismo tiempo
o. ___ el acto del parto
p. ___ el hermano de mi abuela
q. ___ la boda

Copyright © 1992 by Holt, Rinehart and Winston, Inc. All rights reserved.

Tercer repaso

A. *Describa con una forma de **preguntar** o **pedir** las situaciones a continuación (§9.1).*

MODELO   Raúl. —¿Dónde está la catedral?
—>   **Raúl pregunta dónde está la catedral.**

1. Ana. —¿Hay terremotos en esta zona? _____

_____

2. Marisa. —Papá, necesito tu coche. _____

_____

3. Estudiantes. —Profesor, necesitamos más tiempo. _____

_____

4. Papá. —Pepito, ¿dónde estabas anoche? _____

_____

5. Javier. —¿Están listos los exámenes? _____

_____

6. María. —Jefe, quiero un aumento de salario. _____

_____

B. *Conteste las preguntas con dos complementos pronominales, uno directo y otro indirecto (§9.2).*

1. ¿Quién les explica la gramática a Uds.? _____

_____

2. ¿Quién te mandó esa foto? _____

_____

3. ¿Quiénes te dieron tus mejores notas el semestre pasado? _____

_____

4. ¿Por cuánto me vendes tu libro de español? _____

_____

5. ¿Quién pidió permiso a Isabel I para hacer una expedición a las Indias? _____

_____

Copyright © 1992 by Holt, Rinehart and Winston, Inc. All rights reserved.

6. ¿Quién te vendió tu pantalón favorito? _____

_____

7. ¿Quién le mandó la carta a Isabel? _____

_____

8. ¿Quién te cortó el pelo la última vez? _____

_____

9. ¿Quién le regaló esa raqueta a tu papi? _____

_____

10. ¿Nos prestas cinco dólares?_____

_____

Copyright © 1992 by Holt, Rinehart and Winston, Inc. All rights reserved.

C. *Usando los verbos que están entre paréntesis, escriba una oración equivalente a las oraciones dadas (§9.5 y §9.7).*

MODELO   Javier tiene un dolor en el estómago. (doler)
—>   **A Javier le duele el estómago.**

1. Isabel está muy contenta con su nueva falda. (gustar) _____
_____

2. Nosotros estamos horrorizados a causa de esa película. (repugnar) _____
_____

3. Necesito un nuevo televisor. (hacer falta) _____
_____

4. Es mejor para nosotros hablar primero con el profesor. (convenir) _____
_____

5. Mis padres no dan mucha importancia a mis notas. (importar) _____
_____

6. Raúl tiene mucho interés en las nuevas computadoras. (interesar) _____
_____

7. No puedo encontrar uno de mis zapatos. (faltar) _____
_____

8. Voy mucho al teatro. (gustar) _____
_____

9. Mis hermanitos están contentísimos con sus nuevos juguetes. (encantar) _____
_____

10. Nosotros no aceptamos su posición política. (gustar) _____
_____

D. *Complete las oraciones con un artículo definido si es necesario (§9.6).*

1. Anoche había _____ perros en la calle. 2. Juanita puso un disco de _____ música de Mozart porque le gusta _____ música clásica. 3. Mi papá prepara _____ comida mexicana a veces; nos encanta _____ comida mexicana. 4. _____ libertad y _____ igualdad son principios básicos de nuestra sociedad. 5. No podemos aceptar _____ corrupción en el gobierno. 6. ¿Hay _____ corrupción en el gobierno municipal? 7. Comprendemos bien _____ gramática de este capítulo. 8. Mi novio me miró con ojos de _____ amor.

Copyright © 1992 by Holt, Rinehart and Winston, Inc. All rights reserved.

E. *Conteste las preguntas con dos mandatos formales, uno en afirmativo y otro en negativo; use pronombres si es posible (§9.3).*

MODELO   ¿Puedo leer el diario?
   —>   **Sí, léalo.**
   —>   **No, no lo lea.**

1. ¿Puedo comprarle ese pastel a su hijo?

_____

_____

2. ¿Puedo darle esta corbata a Ud.?

_____

_____

3. ¿Puedo explicarles el problema a Uds.?

_____

_____

4. ¿Podemos regalarles estos perros a Uds.?

_____

_____

5. ¿Podemos dejar el coche aquí?

_____

_____

6. ¿Puedo irme ahora?

_____

_____

Copyright © 1992 by Holt, Rinehart and Winston, Inc. All rights reserved.

Nombre: _____ Clase: _____ Fecha: _____

F. *Escriba las oraciones en el pretérito (§10.1, §10.2, §10.3, §12.1, §12.2, y §12.5).*

1. Mis padres leen que hay un horrible incendio que destruye el edificio.

_____

_____

2. Llego a casa, saco una manzana del refrigerador, almuerzo y veo un poco de televisión.

_____

_____

3. Algunos políticos mienten, pero otros dicen la verdad.

_____

_____

4. Traen los platos, ponen la mesa, hacen la comida y empiezan a hablar de lo que pasa durante el día.

_____

_____

5. Compran poco, comen poco, toman poco, hacen poco y mueren aburridos.

_____

_____

6. Vengo, veo y venzo.

_____

_____

7. Tengo una invitación a la boda. Quiero ir pero no puedo.

_____

_____

8. Están por poco tiempo, y no saben nada de nada.

_____

_____

Copyright © 1992 by Holt, Rinehart and Winston, Inc. All rights reserved.

G. Conteste las preguntas con **hace ... que** *(§10.5)*.

MODELO   ¿Cuándo vivió Bach?
    —>   **Hace más de trescientos años que Bach vivió.**

1. ¿Cuándo vino tu abuela a verte? _____

_____

2. ¿Cuándo comenzaste a estudiar español? _____

_____

3. ¿Cuándo cumpliste dieciocho años? _____

_____

4. ¿Cuándo conoció tu papá a tu mamá? _____

_____

5. ¿Cuándo fuiste al cine la última vez? _____

_____

6. ¿Cuándo los conoció a Uds. su profesor / a de español? _____

_____

7. ¿Cuándo llegó a América Colón? _____

_____

8. ¿Cuándo terminó la Segunda Guerra Mundial? _____

_____

Copyright © 1992 by Holt, Rinehart and Winston, Inc. All rights reserved.

Nombre: _____ Clase: _____ Fecha: _____

H. *Conteste las preguntas con **hay** o una forma de **tener, hacer, ser** o **estar** (§2.3, §2.7, §4.5, §5.1, §5.5 y §8.5).*

1. ¿Isabel? ¿Enferma? _____

_____

2. ¿Hoy? ¿Frío? _____

_____

3. ¿Javier? ¿Calor? _____

_____

4. ¿Hoy? ¿Nublado? _____

_____

5. ¿El señor Sánchez? ¿Abogado? _____

_____

6. ¿Un elefante? ¿Debajo de la mesa? _____

_____

7. ¿Esos chicos? ¿Estudiantes? _____

_____

8. ¿Roberto? ¿Sesenta años? _____

_____

9. ¿La falda? ¿En el ropero? _____

_____

10. ¿Esos vasos? ¿Sucios? _____

_____

11. ¿Nadie? ¿En la casa? _____

_____

12. ¿Raquel? ¿Razón? _____

_____

13. ¿Tú? ¿Ganas de trabajar? _____

_____

14. ¿Ningún chico guapo? ¿En la clase? _____

_____

15. ¿Miguel y Jorge? ¿Morenos? _____

_____

Copyright © 1992 by Holt, Rinehart and Winston, Inc. All rights reserved.

123

I. *Escriba en el presente una oración completa usando los sujetos y verbos a continuación.*

1. yo / poner _____

_____

2. ellos / encontrar _____

_____

3. yo / decir _____

_____

4. nosotros / cerrar _____

_____

5. él / reír _____

_____

6. yo / traer _____

_____

7. ella / contribuir _____

_____

8. yo / salir _____

_____

9. tú / defender _____

_____

10. yo / seguir _____

_____

11. yo / conocer _____

_____

12. yo / obtener _____

_____

13. ellos / distribuir _____

_____

14. yo / oír _____

_____

Copyright © 1992 by Holt, Rinehart and Winston, Inc. All rights reserved.

Capítulo 13
La rutina diaria y las transiciones

13.1 *(a) Ponga las oraciones en plural.*

1. El se considera muy capaz. _____

_____

2. Estoy preparándome para el partido de mañana. _____

_____

3. Usted se identifica con sus padres. _____

_____

4. Vas a creerte más inteligente que nosotros. _____

_____

5. Tengo que cuidarme mucho si hace frío. _____

_____

(b) Usando los elementos a continuación, escriba una oración en reflexivo.

MODELO   nosotros / creerse —> **Nosotros nos creemos inteligentes pero no brillantes.**

1. mi jefe / considerarse _____

_____

2. tú / encontrarse _____

_____

3. mis vecinos / identificarse _____

_____

4. yo / prepararse _____

_____

5. nosotros / defenderse _____

_____

6. ese abogado / explicarse _____

_____

Copyright © 1992 by Holt, Rinehart and Winston, Inc. All rights reserved.

(c) Complete las oraciones con frases de clarificación o de énfasis.

1. Roberto se adora _____

2. Nosotros nos cuidamos _____

3. Yo me defiendo _____

4. Las chicas se miran _____

5. Una persona sana no se odia _____

6. Narciso se ama _____

Copyright © 1992 by Holt, Rinehart and Winston, Inc. All rights reserved.

Nombre:_____ Clase: _____ Fecha: _____

13.2 *(a) Usando los elementos dados, complete las oraciones según el modelo.*

MODELO   Yo (levantarse) temprano, pero mi hermano ...
     —>   **Yo me levanto temprano, pero mi hermano se levanta tarde.**

1. Nosotros (acostarse) a las once, pero nuestros padres ...

_____

_____

2. Mis compañero de cuarto (despertarse) temprano, pero yo ...

_____

_____

3. Los atletas (ducharse) juntos en el gimnasio, pero yo ...

_____

_____

4. Mi padre (afeitarse) con navaja, pero mi hermano mayor ...

_____

_____

5. Tú (bañarse) por la tarde, pero nosotros ...

_____

_____

(b) Escriba oraciones originales en pretérito usando los elementos dados.

1. los buenos estudiantes / acostarse _____

_____

2. tú / despertarse _____

_____

3. Rafaela / lavarse la cara _____

_____

4. yo / arreglarme el pelo _____

_____

5. tú / deber lavarse las manos _____

_____

Copyright © 1992 by Holt, Rinehart and Winston, Inc. All rights reserved.

6. yo / querer ponerse un pantalón _____

_____

7. el Sr. Jáuregui / tener que quitarse el sombrero antes de ... _____

_____

8. Pepita / deber ponerse un/a ... antes de ... _____

_____

9. yo / tratar de lavarse los/las ... antes de ... _____

_____

10. Luis / desvestirse antes de ... y vestirse después de ... _____

_____

  Copyright © 1992 by Holt, Rinehart and Winston, Inc. All rights reserved.

Nombre:_____ Clase: _____ Fecha: _____

13.3 *(a) Conteste las preguntas.*

1. ¿Duermes mejor cuando estás cansado/a? ¿A qué hora te duermes?

_____

_____

2. ¿Siente Ud. frío en el cuarto ahora? ¿Cómo se siente Ud. hoy?

_____

_____

3. ¿Cuándo vas a la pizarra en clase? ¿Cuándo te vas de vacaciones?

_____

_____

4. ¿Qué comes para el desayuno? ¿Tienes ganas de comerte todo un pollo?

_____

_____

5. ¿Dónde queda el banco? ¿Quiénes se quedan en casa los fines de semana?

_____

_____

6. ¿Qué estás viendo en este momento? ¿Cómo te ves de rojo?

_____

_____

(b) Escriba una oración completa, correcta y modestamente profunda con las expresiones a continuación.

1. ir _____

_____

2. irse _____

_____

3. comer _____

_____

Copyright © 1992 by Holt, Rinehart and Winston, Inc. All rights reserved.

4. comerse _____

_____

5. quedar _____

_____

6. quedarse _____

_____

7. dormir _____

_____

8. dormirse _____

_____

9. llamar _____

_____

10. llamarse _____

_____

11. sentir _____

_____

12. sentirse _____

_____

13. ver _____

_____

14. verse _____

_____

 Copyright © 1992 by Holt, Rinehart and Winston, Inc. All rights reserved.

13.4 *El año pasado hubo grandes cambios y transiciones en la vida de la gente a continuación. Suponga que Ud. es un / a reportero / a y tiene que explicar lo que pasó y por qué. Use los elementos dados.*

MODELO   Roberto / curarse porque ...
—> **Roberto se curó porque encontró un médico fabuloso.**

1. mis vecinos / mudarse porque ... _____

_____

2. Ricardo / enfermarse porque ... _____

_____

3. mis amigos ? y ? / emborracharse porque ... _____

_____

4. Micaela y Jacinto / divorciarse porque ... _____

_____

5. Mi jefe / enojarse porque ... _____

_____

6. nosotros / enamorarse porque ... _____

_____

7. Carmen y José / casarse porque ... _____

_____

8. mis padres / preocuparse porque ... _____

_____

9. Vosotros / separarse porque ... _____

_____

10. yo / graduarme porque ... _____

_____

13.5 *Complete las oraciones con una forma correcta de **llegar a ser, hacerse o ponerse**. En algunos casos hay dos posibilidades.*

1. Al ver a su gran amigo, Mario_____muy contento. 2. Después de comer la comida de Gumersinda, todos_____enfermos. 3. Ana _____famosa gracias a su talento musical. 4. La señora Jensen_____supervisora después de dos años. 5. Al final del semestre, el curso_____más difícil. 6. Al escuchar la historia de Don Tremendón, los

Copyright © 1992 by Holt, Rinehart and Winston, Inc. All rights reserved.

chicos _____ molestos. 7. Cuando vi que mi nombre estaba en todos los

diarios, _____muy orgulloso. 8. A pesar de su origen humilde, Eva

Perón_____rica y poderosa.

13.6 *Escriba dos oraciones originales para cada par de verbos; la primera oración debe ser una construcción reflexiva, y la segunda una oración transitiva.*

MODELOS   despertarse, despertar
—>   **Me desperté a las ocho en punto.**
Tuve que despertar a mi hermano porque era tarde.

1. lavarse, lavar

_____

_____

2. casarse, casar

_____

_____

3. molestarse, molestar

_____

_____

4. calmarse, calmar

_____

_____

5. enfermarse, enfermar

_____

_____

6. cansarse, cansar

_____

_____

7. bañarse, bañar

_____

_____

Copyright © 1992 by Holt, Rinehart and Winston, Inc. All rights reserved.

Nombre:_____ Clase: _____ Fecha: _____

13.6 y 13.7 *(a) Complete el párrafo con **para** o **por**.*

Mañana salgo _____ España. Voy _____ avión. Iba a ir _____ barco, pero _____ tener muy poco tiempo, decidí viajar _____ avión. Tengo que llegar al aeropuerto _____ las seis de la tarde. Un amigo va a pasar _____ mí mañana temprano _____ llevarme al aeropuerto. _____ ahora tengo que preparar mis maletas _____ el viaje. Anoche llamé a Irma _____ decirle adiós. Hablamos _____ casi tres horas. Me van a cobrar una fortuna _____ esa llamada. Ella trabaja _____ una agencia de viajes y me consiguió el pasaje _____ relativamente poco dinero. Quiero comprar un regalo _____ ella _____ darle las gracias. Voy a estar en España _____ casi tres semanas.

*(b) Complete las oraciones con **para** o **por**.*

1. Vendieron la casa _____ ochenta mil dólares. 2. Fuimos temprano _____ la mañana _____ llegar temprano. 3. Iba a salir de casa cuando mi madre me llamó _____ teléfono. 4. Me dijo que _____ las tres iba a estar en casa. 5. Tengo una pelota _____ mi hermanito. 6. _____ ir a Nueva York _____ tren, tienes que pasar _____ varios estados. 7. Tenemos que trabajar mucho _____ terminar el trabajo _____ las ocho. 8. Nos alquilaron el departamento _____ $350 _____ mes. 9. Mi sobrina estudia _____ abogada. 10. Javier está muy triste _____ la muerte de su perra. 11. _____ una niña de diez años, Inés es una fabulosa pianista. 12. Paso _____ ti a las siete, y después nos vamos _____ el cine. 13. Mis abuelos estuvieron en Rusia _____ cuarenta años antes de pedir permiso _____ venir a este país. 14. ¿ _____ cuánto tiempo conversaste con tus amigos? 15. ¿ _____ quién es el pastel?

Copyright © 1992 by Holt, Rinehart and Winston, Inc. All rights reserved.

Vocabulario

(a) Conteste las preguntas.

1. ¿Cuál de estas palabras no está relacionada con la higiene?

   a. la mejilla b. la pasta dental c. la toalla d. el jabón

2. ¿Cuál de estos verbos no describe un cambio emocional?

   a. enojarse   b. calmarse   c. enamorarse   d. ponerse

3. ¿Cuál de estas palabras no forma parte del maquillaje?

   a. el rímel b. el pincel de labios c. la crema d. la navaja

4. ¿Cuál de estas actividades no forma parte de la rutina diaria?

   a. levantarse b. ducharse c. quedarse d. acostarse

5. ¿Cuál de estas palabras no nombra una parte del cuerpo?

   a. el cabello b. las pestañas c. la piel d. el trapo

(b) Combine los elementos de la primera columna con los de la segunda.

	a. ___ no casado
1. peinarse	b. ___ ponerse la ropa
2. la rasuradora	c. ___ arreglarse el pelo
3. enojarse	d. ___ contrario de divorciarse
4. recibirse	e. ___ quedarse en la calle
5. sentarse	f. ___ ponerse furioso
6. las uñas	g. ___ instrumento de afeitar
7. soltero	h. ___ graduarse
8. el cabello	i. ___ preocupación del manicurista
9. vestirse	j. ___ la secadora
10. casarse	k. ___ tomar asiento
	l. ___ el pelo

Copyright © 1992 by Holt, Rinehart and Winston, Inc. All rights reserved.

Capítulo 14
La política

14.1 *(a) Complete las oraciones con la forma correcta del verbo que está entre paréntesis.*

1. Dicen los diarios que el presidente_____(regresar) mañana.

2. Preferimos que el presidente se _____ (quedar) fuera un par de días más. 3. Veo que muchos jóvenes _____(participar) en la campaña. 4. La policía prohibe que nosotros _____(colocar) carteles aquí. 5. Espero que los diarios no _____(mencionar) nuestra equivocación. 6. Sabemos que no todos nos_____(amar) como Uds. 7. Le voy a pedir al alcalde que nos_____ (apoyar) en la campaña. 8. Los senadores exigen que los espectadores no _____ (hablar) durante los debates. 9. Espero que nadie _____ (llegar) tarde.

(b) Escriba oraciones originales con los elementos dados.

MODELO   exigir que me pagar —>   **Exijo que mi jefe me pague a tiempo.**

1. esperar que llegar _____

_____

2. preferir que no hablar de _____

_____

3. prohibir que votar en _____

_____

4. querer que organizar _____

_____

5. recordar que pagar _____

_____

6. demandar que explicar _____

_____

Copyright © 1992 by Holt, Rinehart and Winston, Inc. All rights reserved.

(c) *Reporte los mandatos a continuación con* **decir, pedir o mandar**.

MODELO   Isabel a Roberta. —Vaya al gimnasio ahora mismo.
—>   **Isabel le manda a Roberta que vaya al gimnasio ahora mismo.**

1. Gaby a David: —Tráeme esa maleta. _____

_____

2. Beto a Javier: —Ven temprano al aeropuerto. _____

_____

3. Miguel a Rosa y a Elsa: —No lleguen antes de las ocho. _____

_____

4. El piloto a sus pasajeros: —No tengan miedo. _____

_____

5. Mamá a Pepito: —Vístete rápido. _____

_____

6. Un policía a unos niños que gritan mucho: —No hagan tanto ruido. _____

_____

7. Una chica a su novio: —No llegues tarde. Vuelve temprano. _____

_____

Copyright © 1992 by Holt, Rinehart and Winston, Inc. All rights reserved.

14.2 *(a) Describa las reacciones de la gente a continuación.*

> MODELO   Los voluntarios trabajan más que los empleados. / me molesta que
> —>   **Me molesta que los voluntarios trabajen más que los empleados.**

1. La Corte Suprema se equivoca a veces. / temo que

_____

2. El jefe comienza su campaña ahora. / nos alegramos de que _____

_____

3. El candidato del otro partido gana las elecciones sin problema. / Todos temen que ___

_____

4. Pocos apoyan el presupuesto militar. / Me gusta _____

_____

5. La gente no acepta un voto en contra. / todos esperamos _____

_____

(b) Termine las oraciones de forma creativa.

1. Me molesta que _____

_____

2. Temo que _____

3. Mis padres se alegran de que _____

_____

4. Mi amor siente mucho que _____

_____

5. Todos tememos que _____

_____

14.3 *(a) Complete las oraciones con la forma correcta del verbo que está entre paréntesis.*

1. Nadie prohibe que la oposición _____ (venir). 2. No podemos permitir que se _____ (detener) a más personas. 3. Esperamos que Uds. no se _____ (oponer) a nuestro punto de vista. 4. Sólo te pido que _____ (reconocer) que mi opinión es válida. 5. Prohibo que vosotros

Copyright © 1992 by Holt, Rinehart and Winston, Inc. All rights reserved.

_____ (mentir) más. 6. No van a permitir que nosotros

_____ (dormir) en la calle. 7. Me alegro de que tú lo _____

(saber) ahora. 8. Nos pide que nos _____ (ir) con él.

(b) Cambie las oraciones según el modelo.

MODELO   El diputado quiere irse temprano. / que tú
—>   **El diputado quiere que tú te vayas temprano.**

1. La mayoría quiere estar para el debate. / que yo _____

_____

2. Quiero saber algo sobre ese proyecto de ley. / que Uds. _____

_____

3. Mario quiere dar más tiempo a la oposición. / que el comité ejecutivo _____

_____

4. Queremos ser más duros con nuestros críticos. / que Uds. _____

_____

5. Se prohibe irse antes de la hora. / que la gente_____

_____

(c) Escriba oraciones completas con los elementos a continuación.

1. querer que la mayoría hacer _____

_____

2. prohibir que decir _____

_____

3. esperar que salir _____

_____

4. pedir que detener _____

_____

5. alegrarse de que volver _____

_____

6. lamentar que oponerse a _____

_____

7. temer que los izquierdistas perder _____

_____

Copyright © 1992 by Holt, Rinehart and Winston, Inc. All rights reserved.

Nombre: _____ Clase: _____ Fecha: _____

14.4 *Complete las oraciones usando el verbo que está entre paréntesis.*

1. Es obvio que la izquierda en los Estados Unidos (apoyar) ...

_____

_____

2. Está bien que la mayoría (oponerse) ...

_____

_____

3. Es verdad que algunos senadores (equivocarse)...

_____

_____

4. Es necesario que los derechistas (comprender) ...

_____

_____

5. Es deplorable que el presupuesto para las fuerzas armadas (ser) ...

_____

_____

6. Es cierto que muchos ciudadanos (estar)...

_____

_____

7. Es probable que el gobernador del estado (prohibir) ...

_____

_____

8. Es poco probable que los menores de edad (comprender) ...

_____

_____

9. Está bien que los políticos (tener) ...

_____

_____

10. Es triste que mucha gente (protestar) ...

_____

_____

Copyright © 1992 by Holt, Rinehart and Winston, Inc. All rights reserved.

14.5 *Conteste las preguntas con ojalá u ojalá que.*

MODELO   ¿Se aprueba el proyecto de ley mañana?
—>   **No sé; ojalá que se apruebe.**

1. ¿Hay poca corrupción en el gobierno estatal? _____
_____

2. ¿Sabe defenderse bien el ejército? _____
_____

3. ¿Duerme la oposición? _____
_____

4. ¿Es honesta la jefa del partido? _____
_____

5. ¿Hay poca oposición a nuestro punto de vista? _____
_____

6. ¿Hay suficientes votos para nuestro triunfo? _____
_____

Copyright © 1992 by Holt, Rinehart and Winston, Inc. All rights reserved.

14.6 *(a) Reaccione a las situaciones a continuación con un mandato afirmativo de **tú**.*

MODELO Pepito no quiere levantarse. —> **Pepito, levántate.**

1. Don Tremendón no quiere irse.

_____

2. Panchito no quiere lavarse las manos.

_____

3. Ana no quiere contarle a Ud. un chisme jugoso.

_____

4. Tu mejor amigo no quiere venir a tu casa esta noche.

_____

5. Tu hermanito no quiere decirte la verdad.

_____

6. Tu perro no quiere salir de debajo del sofá.

_____

7. Tu compañero/a de cuarto no quiere ser bueno/a.

_____

8. Tu primo no quiere hacer café.

_____

*(b) Reaccione a las situaciones a continuación con un mandato negativo de **tú**.*

1. María quiere ver televisión.

_____

2. Marta quiere quedarse con Lolita.

_____

3. Gumersinda quiere contarles un chiste indecente a Uds.

_____

4. Tu abuela va a cruzar la calle y hay mucho tráfico.

_____

5. Tu hermanito quiere salir a jugar y hace mucho frío.

_____

Copyright © 1992 by Holt, Rinehart and Winston, Inc. All rights reserved.

6. Tu prima está haciendo mucho ruido.

_____

7. Tu amigo quiere hablar y tú quieres dormir.

_____

8. Pediste una hamburguesa pero la quieres sin mayonesa.

_____

142

Copyright © 1992 by Holt, Rinehart and Winston, Inc. All rights reserved.

14.7 *Conteste las preguntas según el modelo.*

MODELO   ¿Con quién va a comer Elisa? (con nosotros)
—>   **Que coma con nosotros.**

1. ¿Dónde va a dormir Juan? (en el sofá)

_____

2. ¿Quién va a comprar los pasajes? (la empresa)

_____

3. ¿A qué hora quieres que Panchito se levante? (a las ocho)

_____

4. ¿Quién va a conseguir el mapa? (Roberto)

_____

5. ¿Quién va a comprar las maletas? (las chicas)

_____

6. ¿Quién quieres que lo sepa? (todos)

_____

7. ¿Cuándo se van a casar Margarita y Hugo? (pronto)

_____

8. ¿Quién va a subir las maletas? (el botones)

_____

Vocabulario

(a) Conteste las preguntas.

1.   ¿Cuál de estos personajes no es un oficial político?

a. la alcalde b. el diputado c. el senado d. la gobernadora

2.   ¿Cuál de estas palabras no es un armamento?

a. el tanque b. la bomba c. la bala d. el gasto

3.   ¿Cuál de estos términos no está relacionado con el reclutamiento?

a. la conscripción b. el servicio militar c. la recluta d. la rama

4.   ¿Cuál de estos objetos no figura en una campaña política?

a. el volante b. el partido c. el cartel d. el asunto

5.   ¿Cuál de estos términos no nombra una posición política?

a. izquierdista b. derechista c. moderado d. subpoblado

Copyright © 1992 by Holt, Rinehart and Winston, Inc. All rights reserved.

(b) Combine los elementos de la primera columna con los de la segunda.

a. ___ el proyectil de un rifle

1. meter la pata

b. ___ estar a favor de

2. es preciso

c. ___ gobernante municipal

3. exigir

d. ___ el ejército, la marina, etc.

4. apoyar

e. ___ el estado

5. el temor

f. ___ equivocarse

6. la bala

g. ___ la amenaza

7. la huelga

h. ___ demandar

8. escoger

i. ___ es necesario

9. la alcalde

j. ___ una acción sindical

10. las fuerzas armadas

k. ___ el miedo

l. ___ seleccionar

Copyright © 1992 by Holt, Rinehart and Winston, Inc. All rights reserved.

Capítulo 15
Los valores y las creencias

15.1 *(a) Flora y Rafael están hablando de sus amigos y sus planes. ¿Qué dicen?*

1. ¿Cree Ud. que Mario se (hacer) _____ sacerdote? 2. Estoy segura de que Miguel no (ser) _____ seminarista todavía. 3. Niego que la iglesia de Javier (publicar) _____ esa revista. 4. No creo que el Papa se (oponer) _____ a esas reformas. 5. Yo dudo que nuestro ministro (saber) _____ todas las respuestas. 6. Sabemos que nadie (tener) _____ más fe que Teresa. 7. No es que María (ser) _____ atea, sino agnóstica. 8. No dudo que el arzobispo (poder) _____ confirmarme.

(b) Escriba oraciones originales usando los elementos a continuación.

1. saber/nadie/venir _____

_____

2. nosotros no creer/los profesores/recibir _____

_____

3. dudar /venir a la hora _____

_____

4. estar seguro/conocer _____

_____

5. negar/hacerse _____

_____

6. no decir/todo el mundo/saber _____

_____

Copyright © 1992 by Holt, Rinehart and Winston, Inc. All rights reserved.

(c) Escriba las oraciones de nuevo según el modelo.

MODELO   Mi padre sabe toda la Biblia de memoria. (tal vez)
    —>   **Tal vez mi padre sepa toda la Biblia de memoria.**

1. Marisa quiere ir a misa. (quizás)

_____

2. Teresa y José vuelven juntos. (obviamente)

_____

3. Te conviene un disfraz más sencillo. (posiblemente)

_____

4. Nosotros podemos ayudarte. (tal vez)

_____

5. Roberto tiene más tiempo que nosotros. (ciertamente)

_____

6. Alejandro va con su hermano. (quizá)

_____

7. Hay un baile esta noche en el gimnasio. (posiblemente)

_____

Copyright © 1992 by Holt, Rinehart and Winston, Inc. All rights reserved.

15.2 *(a) Complete las oraciones con la forma correcta del verbo que está entre paréntesis.*

1. No hay nadie que (saber) leer los naipes mejor que mi tía.

_____

_____

2. Tengo un amigo que (bailar) como profesional.

_____

_____

3. ¿Conoces a alguien que (creer) en los espíritus maléficos?

_____

_____

4. No conozco a nadie que (estar) tan obsesionado con el pecado como Ud.

_____

_____

5. Estoy buscando un coche que (ser) barato pero bueno.

_____

_____

6. En esa librería hay un libro que me (interesar).

_____

_____

(b) Conteste las preguntas según las indicaciones.

1. ¿Conoces a alguien que hable diez lenguas? (sí) _____

_____

2. ¿Tienes un amigo que me preste mil dólares? (no) _____

_____

3. ¿Sabes de una revista que se dedique totalmente a problemas teológicos? (no) _____

_____

4. ¿Quieres un perro que haga amistad con ladrones? (no) _____

_____

5. ¿Buscas un sacerdote que hable español? (sí) _____

_____

Copyright © 1992 by Holt, Rinehart and Winston, Inc. All rights reserved.

6. ¿Conoces a alguien que quiera ser actriz? (no)_____

_____

(c) Invente una pregunta para las respuestas a continuación.

1. Sí, tengo un amigo que es converso. _____

_____

2. Sí, estoy buscando una edición de la Biblia que tenga letra grande._____

_____

3. No, no conozco a nadie que asista a esa iglesia. _____

_____

4. Sí, hay gente que cree firmemente en la magia. _____

_____

5. Sí, busco una chica que comprenda bien la Biblia en latín._____

_____

Copyright © 1992 by Holt, Rinehart and Winston, Inc. All rights reserved.

15.3 *(a) Escriba una comparación con los elementos a continuación.*

EJEMPLOS   nuestra clase / inteligente / la otra clase
       —>   **Nuestra clase es más inteligente que la otra clase.**
       —>   **Nuestra clase es tan inteligente como la otra clase.**

1. el obispo / viejo / el cura _____

_____

2. los católicos / numerosos / los protestantes _____

_____

3. mis amigos / interesantes / tus amigos _____

_____

4. La nota C / buena / la nota B _____

_____

5. Paraguay / pequeño / Argentina _____

_____

6. México / cerca de los Estados Unidos / Panamá _____

_____

7. Mi padre / joven / mi madre _____

_____

8. la química / difícil / la astronomía _____

_____

9. la psicología / respetada / la física _____

_____

10. La nota F / mala / la nota D _____

_____

(b) Complete las oraciones con **más ... que, menos ... que, tan ... como, más que, menos que, tanto como, mejor que** *o* **peor que**.

1. Mi hermana estudia todos los días. Yo estudio los domingos. Mi hermana estudia _____ diligentemente _____ yo. 2. Nosotros viajamos una vez por año. Nuestros vecinos viajan cada mes. No viajamos _____ nuestros vecinos. 3. Los mexicanos hablan rápido. Los españoles hablan muy rápido. Los mexicanos hablan _____ rápido _____ los españoles. 4. Mi mamá camina despacio. Mi abuela camina muy despacio. Mi mamá no camina

Copyright © 1992 by Holt, Rinehart and Winston, Inc. All rights reserved.

_____ despacio _____ mi abuela. 5. El Sr. Menéndez gana $15.000 al año. Luis gana $20.000 al año. El Sr. Menéndez no gana _____ Luis. 6. Yo canto mal. Gumersinda canta horriblemente mal. Gumersinda canta _____ yo. Yo canto _____ ella. 7. Yo practico el piano una hora al día. Mi hermana practica dos. Mi hermana practica _____ yo.

(c) Invente una comparación con los elementos a continuación.

MODELO   Julio tiene doce primos. Juan tiene doce primos también.
—> **Julio tiene tantos primos como Juan.**

1. Julia tiene diez libros. Anita tiene seis libros. _____
_____

2. Susana tiene once pares de zapatos. Emilia tiene once pares de zapatos también.____
_____

3. Alvaro tiene 10.000 dólares. Su papá tiene 10.000 dólares también. _____
_____

4. Hay mil profesores en mi universidad. Hay quince mil estudiantes. _____
_____

5. Luisa tiene muchas flores en su jardín, y yo tengo pocas. _____
_____

6. Trabajo cinco horas por día y mi hermano trabaja cinco también. _____
_____

7. Tu casa es bonita, pero mi casa es bonita también. _____
_____

8. Estudiamos mucho y ellos estudian mucho también. _____
_____

9. Yo gano trescientos dólares por semana, y tú ganas trescientos también. _____
_____

Copyright © 1992 by Holt, Rinehart and Winston, Inc. All rights reserved.

15.4 *(a) Conteste las preguntas con oraciones completas.*

1. ¿Cuál es el río más largo de los Estados Unidos? _____

_____

2. ¿Cuál es la montaña más alta del mundo? _____

_____

3. ¿Cuál es el mejor restaurante de tu ciudad? _____

_____

4. ¿Cuál es el estado más pequeño de los Estados Unidos? _____

_____

5. ¿Cuál es el país más grande de Latinoamérica? _____

_____

6. ¿Cuál es la isla más grande de Latinoamérica? _____

_____

7. ¿Cuáles son los ríos más largos de Sudamérica? _____

_____

8. ¿Eres el / la mayor de tu familia? _____

_____

9. ¿Cuál es la peor nota en tu universidad? _____

_____

10. ¿Quiénes son los mejores estudiantes del universo entero? _____

_____

(b) Invente una oración en superlativo con los elementos a continuación.

MODELO tenor / bueno —> **El mejor tenor del mundo es Plácido Domingo.**

1. hombre / guapo _____

_____

2. chica / simpática _____

_____

3. clase / buena _____

_____

4. cantante / malo _____

_____

Copyright © 1992 by Holt, Rinehart and Winston, Inc. All rights reserved.

5. persona / joven _____

_____

6. ropa / cara _____

_____

15.5 *(a) Escriba las oraciones de nuevo con posesivos enfáticos.*

MODELO   Muchos de mis amigos fueron al bautismo.
     —>   **Muchos amigos míos fueron al bautismo.**

1. Una de mis hermanas se hizo monja. _____

_____

2. Varios de nuestros amigos eran ateos. _____

_____

3. Ninguno de tus amigos va a aceptar esa teoría. _____

_____

4. Esos amigos de Uds. nos dejaron muy buena impresión. _____

_____

5. Te prestaré dos de mis discos. _____

_____

6. Vinieron dos de tus primas. _____

_____

(b) Conteste las preguntas con un posesivo enfático.

MODELO   ¿Es de Ricardo ese cuaderno? —> **Sí, es suyo.**

1. ¿Son de Uds. esas cintas? _____
2. ¿Será de Liliana ese tocadiscos? _____
3. ¿Son de la tía Isabel esos naipes? _____
4. ¿Era de Ud. esa corbata? _____
5. ¿Es mío ese pastel? _____
6. ¿Son tuyas esas flores? _____

Copyright © 1992 by Holt, Rinehart and Winston, Inc. All rights reserved.

15.6 *Conteste las preguntas con un adjetivo o un artículo pronominalizado.*

MODELO   ¿Comprarás el abrigo de lana o el de algodón?
—>   **Comprará el de lana.**

1. ¿Leíste el diario de hoy o el de ayer? _____

_____

2. ¿Vieron Uds. el anuncio en la página cincuenta o en la cincuenta y dos? _____

_____

3. ¿Te quedaste en la casa de Jorge o en la de Ricardo? _____

_____

4. ¿Quién te pareció más guapo, el chico que trabaja en la heladería, o el que trabaja en
el restaurante? _____

_____

5. ¿Quieres ver una cinta mía o una tuya? _____

_____

6. ¿Volvió el hijo mío con el tuyo? _____

_____

7. ¿Cuál de las composiciones es tuya — la que está escrita a mano o la que está escrita
a máquina? _____

_____

8. ¿A qué carta te refieres — la de hoy o la de la semana pasada? _____

_____

9. ¿Qué novela te gustó más — la que escribió Fuentes o la que escribió Donoso? _____

_____

10. ¿Qué prefieres—los hombres rubios o los hombres morenos?_____

_____

Copyright © 1992 by Holt, Rinehart and Winston, Inc. All rights reserved.

Vocabulario

(a) Conteste las preguntas.

1. ¿Cuál de estos personajes no figura en la jerarquía católica?

   a. el obispo b. el sacerdote c. el papa d. el mago

2. ¿Cuál de estos términos no se refiere a un concepto doctrinal?

   a. la fe b. la gracia c. el vínculo d. la infalibilidad

3. ¿Cuál de estos términos no se refiere a un rito?

   a. el bautismo b. la extrema unción c. la misa d. el cielo

4. ¿Cuál de estos términos no es un edificio?

   a. el bosque b. la capilla c. la sinagoga d. el templo

5. ¿Cuál de estas figuras es una figura sobrenatural?

   a. la monja b. el diablo c. la atea d. el fraile

(b) Combine los elementos de la primera columna con los de la segunda.

	a. ___ combinar
1. el pecado	b. ___ verdadero
2. el cura	c. ___ santo
3. el rabino	d. ___ hablar desde un púlpito
4. el brujo	e. ___ de este momento
5. la herejía	f. ___ rezar
6. predicar	g. ___ el sacerdote
7. actual	h. ___ una transgresión
8. sagrado	i. ___ profetizar
9. mezclar	j. ___ líder judío
10. predecir	k. ___ persona con poderes sobrenaturales
	l. ___ una creencia heterodoxa

Copyright © 1992 by Holt, Rinehart and Winston, Inc. All rights reserved.

Nombre:_____ Clase: _____ Fecha: _____

Capítulo 16
El arte y los medios de comunicación

16.1 *(a) Escriba oraciones originales con los elementos a continuación en el pretérito perfecto.*

1. yo / leer _____
_____

2. mis padres / mudarse _____
_____

3. nuestros mejores amigos / creer _____
_____

4. nosotros / ir _____
_____

5. tú / oír _____
_____

6. nadie / trabajar _____
_____

7. vosotros / traer _____
_____

8. Pepito / meter _____
_____

(b) Use el pretérito perfecto para explicar la causa de las situaciones a continuación.

MODELO   Raquel está nerviosa. —>
Raquel está nerviosa porque tiene un examen hoy y no ha estudiado nada.

1. Isabel no tiene dinero. _____
_____

2. Roberto y José se sienten mal. _____
_____

Copyright © 1992 by Holt, Rinehart and Winston, Inc. All rights reserved.

3. Ana está muy bronceada. _____

_____

4. Nosotros estamos contentísimos. _____

_____

5. Yo estoy un poco preocupado / a. _____

_____

6. Vosotros no comprendéis nuestra situación. _____

_____

   Copyright © 1992 by Holt, Rinehart and Winston, Inc. All rights reserved.

16.2 *(a) Complete el párrafo con las formas correctas en el pretérito perfecto de los verbos que están entre paréntesis.*

Miguel me (decir) _____ que se (abrir) _____ un nuevo cine.

Nosotros no lo (ver) _____ todavía porque se nos (descomponer)

_____ nuestro coche y nosotros no (hacer) _____ nada para

repararlo. Además, mi hermana (ponerse) _____ enferma porque se le

(romperse) _____ una pierna, y nuestro gato (irse) _____ en

busca de amores y todavía no (volver) _____. Supongo que está bien y

que no (morir) _____ . En fin, estoy viviendo una situación difícil que yo

no (resolver) _____ todavía.

(b) Escriba oraciones originales con los elementos a continuación en el pretérito perfecto.

1. nadie / abrir _____

_____

2. yo / decir _____

_____

3. ¿tú / ver _____

_____

4. miles de cucarachas / morir _____

_____

5. Mis padres / escribir _____

_____

6. algunos estudiantes / no volver _____

_____

7. mi gata / ponerse enferma _____

_____

8. la ventana / romperse _____

_____

9. yo / hacer _____

_____

Copyright © 1992 by Holt, Rinehart and Winston, Inc. All rights reserved.

10. todos / resolver

_____

_____

16.3 _Complete las oraciones con la forma correcta del pretérito perfecto del subjuntivo de los verbos que están entre paréntesis._

1. No es posible que tú me (ver) _____ esta mañana. 2. Me alegro mucho de que mi perro pródigo (volver) _____ a casa. 3. Siento mucho que Uds. no me lo (decir) _____ antes. 4. Es poco probable que nuestros amigos se (ir) _____ tan temprano. 5. Espero que los bancos se (abrir) _____ hoy. 6. Temo que nosotros nos (levantarse) _____ demasiado temprano. 7. Me gusta que tú (hacer) _____ esto. 8. Tengo miedo de que se (romper) _____ algo.

Copyright © 1992 by Holt, Rinehart and Winston, Inc. All rights reserved.

16.4 *Complete las oraciones de forma creativa usando el pluscuamperfecto.*

MODELO   No fui al cine porque ...
     —> **No fui al cine porque ya había visto la película.**

1. No vino mi madre porque ... _____

   _____

2. No se casaron Irma y Miguel porque ... _____

   _____

3. No te vi porque ... _____

   _____

4. No compré la novela porque ... _____

   _____

5. No me escribieron mis padres el mes pasado porque ... _____

   _____

6. No me dieron el ascenso porque ... _____

   _____

7. Me cancelaron mi canal de cable porque ... _____

   _____

8. No nos repararon el televisor porque ... _____

   _____

9. No salió mi artículo ayer porque ... _____

   _____

10. No escribí ayer en mi diario porque ... _____

   _____

16.5 *(a) Escriba equivalencias de las oraciones y preguntas a continuación usando **hace ... que**.*

1. Hemos visto ese programa diariamente por tres años.

   _____

   _____

2. Hemos recibido el noticiero de cable por tres meses.

   _____

   _____

Copyright © 1992 by Holt, Rinehart and Winston, Inc. All rights reserved.

3. ¿Por cuánto tiempo has trabajado en el Canal Trece?

_____

_____

4. ¿Por cuántos meses han vendido Uds. esa marca de televisor?

_____

_____

5. He estado estudiando por cinco horas.

_____

_____

6. Mario ha tenido su computadora por varios meses.

_____

_____

(b) *Escriba oraciones o preguntas originales con **hace ... que** usando los elementos dados.*

1. Miguel conocer a Mario _____

_____

2. María y Francisco estar casados _____

_____

3. Lulú trabajar en la editorial _____

_____

4. nosotros ser amigos _____

_____

5. el diario publicar reseñas musicales _____

_____

Copyright © 1992 by Holt, Rinehart and Winston, Inc. All rights reserved.

16.6 *(a) Complete las oraciones con* ***pero, sino*** *o* ***sino que***.

1. No quiero un televisor nuevo _____ usado. 2. Trabajaron toda la noche _____ no pudieron terminar. 3. No te llamaron a ti_____a él. 4. No me lo vendió _____ me lo regaló. 5. Le mandé tres cartas a Marisa _____ no me contestó ninguna. 6. No salí con mis amigos _____ con mis padres. 7. Esa estación es buena _____ me gusta más la otra. 8. No fui por tren _____ por avión.

(b) Escriba dos oraciones originales con ***pero***, *dos con* ***sino*** *y dos con* ***sino que***.

1. _____

_____

2. _____

_____

3. _____

_____

4. _____

_____

5. _____

_____

6. _____

_____

Copyright © 1992 by Holt, Rinehart and Winston, Inc. All rights reserved.

Vocabulario

(a) Conteste las preguntas.

1. ¿Cuál de estos términos no se asocia con el cine?

   a. el guión b. los dibujos animados c. la dosis d. la trama

2. ¿Cuál de estos términos no es un género literario?

   a. el cuento b. la comedia c. el ejemplar d. la novela

3. ¿Cuál de estos adjetivos no puede describir una pintura?

   a. bronceado b. opaco c. sombrío d. chato

4. ¿Cuál de estos términos no es un objeto de arte?

   a. la escultura b. el cuadro c. la pesadilla d. el dibujo

5. ¿Cuál de estos términos no es una persona?

   a. la colocación b. el crítico c. la artesana d. el locutor

b) Combine los elementos de la primera columna con los de la segunda.

	a. ___ Los caprichos de Goya, por ejemplo
1. redondo	b. ___ el periódico
2. el noticiero	c. ___ vital
3. la reseña	d. ___ muebles viejos, por ejemplo
4. la pesadilla	e. ___ de forma esférica o circular
5. el estreno	g. ___ un programa de noticias
6. el diario	h. ___ el retrato
7. el grabado	i. ___ un sueño horrorífico
8. el guión	j. ___ un artículo crítico
9. vivo	k. ___ sordo
10. las antigüedades	l. ___ el diálogo escrito de una película
	m. ___ la inauguración de una obra

Copyright © 1992 by Holt, Rinehart and Winston, Inc. All rights reserved.

Cuarto repaso

A.   *A continuación se encuentra la versión auténtica y verdadera de "Juanito y los frijoles mágicos." Complete las oraciones con la forma correcta, del pretérito o del imperfecto, de los verbos que están entre paréntesis, y Ud. verá lo que pasó con ese joven tonto y malafortunado (§11.4, §11.5, §12.2 y §12.3).*

Erase una vez una mujer muy pobre que (vivir) _____ en una casa humilde que (estar) _____ en el campo cerca de una gran ciudad. Su esposo (estar) _____ muerto y su único hijo (ser) _____ un muchacho perezoso que se (llamar) _____ Juanito. A Juanito no le (gustar) _____ trabajar; sólo (comer) _____ y (dormir) _____ . Tampoco le (gustar) _____ aprender conjugaciones ni estudiar gramática. ¡Qué desastre!

Un día lo (llamar) _____ su madre y le (decir) _____ que no (haber) _____ comida en la casa, y que por eso ella (querer) _____ vender la vaca para conseguir dinero y comprar comida.

El día siguiente Juanito se (poner) _____ su ropa más elegante, y (salir) _____ de casa para llevar la vaca a la ciudad donde la (ir) _____ a vender.   Mientras (caminar) _____ , (ver) _____ a un señor que le (parecer) _____ muy raro. El señor (detener) _____ a Juanito y le (decir) _____ :

—¡Qué hermosa vaca! ¿Quieres vendérmela?

—Sí, señor, (contestar) _____ Juanito. Cuesta cincuenta reales.

—Pues yo no tengo cincuenta reales, pero tengo algo mucho más valioso.

—¿Qué cosa puede tener Ud.? (responder) _____ Juanito.

—Tengo unos fabulosos frijoles mágicos, los frijoles más mágicos del universo entero.

—¡Frijoles mágicos! ¡Ja, ja ja! (reír) _____ Juanito. ¡Qué cosa más absurda!

Pero como Juanito (ser) _____ un muchacho de pocas luces, después de regatear un poco, el señor lo (convencer) _____ y Juanito le

Copyright © 1992 by Holt, Rinehart and Winston, Inc. All rights reserved.

(vender) _____ la vaca por un bolsillo lleno de frijoles que (parecer) _____ totalmente ordinarios.

Cuando Juanito (llegar) _____ a casa, su madre le (decir) _____ :

—¡Pero qué rápido! ¿(Conseguir) _____ tú el dinero?

—No, mamá, pero un señor me (dar) _____ algo mucho más valioso: frijoles mágicos. Y con eso Juanito le (mostrar) _____ los frijoles a su madre.

Cuando la pobre señora (saber) _____ de la simpleza de su hijo, (tirar) _____ los frijoles por la ventana y (empezar) _____ a darle unas buenas bofetadas a su hijo — en la cabeza para no lastimar nada importante. Juanito entonces (salir) _____ corriendo de la casa, y se (sentar) _____ debajo de un árbol donde (comenzar) _____ a llorar. Después de poco tiempo, se (dormir) _____ .

El día siguiente, Juanito se (despertar) _____ y (ver) _____ una cosa increíble: una enorme mata de frijoles que llegaba hasta las nubes. Como (ser) _____ un muchacho curioso, Juanito (comenzar) _____ a subir por la mata y (subir) _____ hasta llegar a las nubes. Allí (ver) _____ un enorme palacio — exactamente como en los cuentos de hadas. Pero muy pronto (oír) _____ una voz horrible que decía.

—Efí, efái, efó, efum. Yo huelo la sangre de un niño tonto pero sabroso.

Juanito (mirar) _____ para atrás, y allí (ver) _____ ¡¡¡UN GIGANTE!!! Juanito (querer) _____ escaparse corriendo hacia la mata, pero no (poder) _____ llegar a tiempo. El gigante lo (agarrar) _____ y se lo (comer) _____ entero. En la vida real, casi siempre gana el más grande.

Copyright © 1992 by Holt, Rinehart and Winston, Inc. All rights reserved.

Nombre:_____ Clase: _____ Fecha: _____

B. *Complete las oraciones con **por** o **para** (§8.7 y §13.7).*

1. Vendí la entrada _____ quince australes. 2. Marisa trabaja _____ el Seguro Social.

3. No quiero salir _____ el frío. 4. Debes terminar eso _____ las ocho y media.

5. Javier salió _____ Barcelona _____ tren. 6. Compré un regalo _____ mi marido.

7. El ladrón salió _____ la ventana. 8. Compré un perro _____ proteger la casa.

9. Como Raúl no puede trabajar hoy, voy a trabajar _____ él. 10. _____ un niño,
Pepito sabe muchas palabras. 11. La nueva carretera va a pasar _____ tu casa.

12. _____ ahora, prefiero estudiar _____ mis exámenes. 13. Allá _____ 1950 nació
mi madre. 14. _____ nosotros el español no es nada difícil. 15. Paso _____ Ud. un
poco más tarde.

C. *Escriba oraciones originales demostrando el uso intransitivo y transitivo de los verbos
dados (§13.6).*

1. despertar, despertarse

_____

_____

2. molestar, molestarse

_____

_____

3. casar, casarse

_____

_____

4. enfermar, enfermarse

_____

_____

5. bañar, bañarse

_____

_____

Copyright © 1992 by Holt, Rinehart and Winston, Inc. All rights reserved.

D. *Complete las oraciones con la forma correcta de los verbos entre paréntesis, o del subjuntivo o del indicativo (§14.1, §14.2 y §16.3).*

1. No está bien que Uds. no (hacer) _____ su trabajo a tiempo. 2. Nadie quiere que el otro equipo (ganar) _____ . 3. Mi padre espera que yo (graduarse) _____ con honores. 4. Es importante que tú (ponerse) _____ un abrigo por el frío. 5. Comprendo que no todos (querer) _____ venir. 6. Nos alegramos de que tú (haber) _____ podido venir. 7. Es evidente que tú (necesitar) _____ más dinero. 8. Ojalá que no todos (estar) _____ enojados. 9. Se ha prohibido que nosotros (estacionar) _____ el coche aquí. 10. Lamento que no (haber) _____ más entradas. 11. Sé que Raúl (venir) un poco más tarde. 12. El profesor de química exige que nadie (ayudar) _____ a nadie.

Copyright © 1992 by Holt, Rinehart and Winston, Inc. All rights reserved.

Nombre: _____ Clase: _____ Fecha: _____

E. *Conteste las preguntas con dos mandatos formales, uno en afirmativo y otro en negativo; use pronombres si es posible (§9.3).*

MODELO   ¿Puedo acostarme ahora?
—>   **Sí, acuéstese.**
—>   **No, no se acueste.**

1. ¿Puedo bañarme ahora?

_____

_____

2. ¿Puedo darle esta corbata a Ud.?

_____

_____

3. ¿Puedo explicarles el problema a Uds.?

_____

_____

4. ¿Podemos regalarles este perro a Uds.?

_____

_____

5. ¿Podemos dejar el coche aquí?

_____

_____

6. ¿Puedo irme ahora?

_____

_____

F. *Conteste las mismas preguntas del ejercicio anterior con mandatos familiares, uno en afirmativo y otro en negativo (§14.6).*

MODELO   ¿Puedo acostarme ahora?
—>   **Sí, acuéstate.**
—>   **No, no te acuestes.**

1. _____

_____

2. _____

_____

Copyright © 1992 by Holt, Rinehart and Winston, Inc. All rights reserved.

3. _____

_____

4. _____

_____

5. _____

_____

6. _____

_____

G. *Usando los verbos que están entre paréntesis, escriba una oración equivalente a las oraciones dadas (§9.5 y §9.7).*

1. Estamos muy contentos con la nueva casa. (gustar) _____

_____

2. Los estudiantes necesitan tomar vacaciones. (hacer falta) _____

_____

3. Debes tomar otro curso. (convenir) _____

_____

4. Javier estuvo muy contento con la película. (encantar) _____

_____

5. Mis hermanos querían caminar por el parque todos los días. (gustar) _____

_____

6. Mi madre tiene un dolor en los pies. (doler) _____

_____

7. Ese señor está molesto por el ruido. (molestar) _____

_____

8. No puedo encontrar una de mis sandalias. (faltar) _____

_____

Copyright © 1992 by Holt, Rinehart and Winston, Inc. All rights reserved.

H. *Complete las oraciones con* **que** *o una preposición si es necesario; algunas oraciones ya están completas (§7.2, §7.3 y §8.1).*

1. Íbamos _____ ir _____ ver _____ nuestros abuelos pero comenzó _____ llover. 2. No te voy _____ invitar _____ cenar si no aprendes _____ ser más cortés. 3. Debes _____ ir _____ la playa _____ ver _____ las nuevas lanchas. 4. Tenemos _____ enseñarte _____ respetar _____ tus profesores. 5. No puedo _____ ayudarte _____ dejar _____ fumar si insistes _____ comprar más cigarrillos. 6. Necesito _____ buscar _____ un regalo _____ regalar _____ mi novio. 7. Voy _____ esperar _____ el ómnibus porque no tengo dinero _____ pagar _____ un taxi.

I. *Escriba las oraciones en el pretérito (§10.1, §10.2, §10.3, §12.1 y §12.2).*

1. Cierran la puerta cuando entran. _____

_____

2. Llego a las ocho en punto. _____

_____

3. Limpian la casa también. _____

_____

4. Almuerzo con mis amigos hoy. _____

_____

5. Piensas bien. _____

_____

6. Se lo explico mal. _____

_____

7. Ellos no me recuerdan. _____

_____

8. Algunos estudiantes lo aprenden bien. _____

_____

9. Todos suben al tercer piso. _____

_____

10. ¿Nos devolvéis todo? _____

_____

11. Isabel y Ana van al concierto. _____

_____

Copyright © 1992 by Holt, Rinehart and Winston, Inc. All rights reserved.

12. ¿Quiénes te ven? _____

_____

13. No queremos hacerlo. _____

_____

14. No puedo ver nada y no sé nada. _____

_____

J. *Complete las oraciones con la forma correcta del verbo que está entre paréntesis (§15.1 y §15.2).*

1. Dudo que ella (ser) _____ colombiana. 2. No creemos que Manuel lo (tener) _____ . 3. Estoy segura de que todos (venir) _____ con hambre. 4. Estoy buscando un libro que (incluir) _____ fotos lindas. 5. Tal vez mi padre (saber) _____ la respuesta. 6. Tengo un amigo que (hablar) _____ cinco idiomas. 7. No hay nadie que lo (hacer) _____ mejor que tú. 8. ¿Conoces a alguien que (poder) _____ darme esa información?

Copyright © 1992 by Holt, Rinehart and Winston, Inc. All rights reserved.

Capítulo 17
Desafíos del futuro

17.1 *(a) Escriba oraciones originales en futuro usando los elementos dados.*

1. yo / descubrir un extraterrestre _____

_____

2. mis hijos / llegar _____

_____

3. los científicos / encontrar _____

_____

4. mi generación / luchar en contra de _____

_____

5. mis compañeros y yo / tratar de proteger _____

_____

6. tú / buscar una forma de resolver _____

_____

7. vosotros / inventar _____

_____

8. yo / buscar una forma de controlar la explosión demográfica _____

_____

(b) Conteste las preguntas en futuro.

1. ¿Cuál de sus amigos llegará a ser un / a científico / a? _____

_____

2. ¿Qué carrera seguirás después de graduarte? _____

_____

3. ¿Cómo se llama la película que verán sus amigos y Ud. este fin de semana? _____

_____

4. ¿Cuánto dinero se gastará en Washington este año? _____

_____

Copyright © 1992 by Holt, Rinehart and Winston, Inc. All rights reserved.

5. ¿A qué hora se despertarán sus compañeros de cuarto mañana? _____

_____

6. ¿Te casarás o no? _____

_____

7. ¿Qué aprenderán Uds. en la clase de mañana? _____

_____

8. ¿Adónde irás esta noche y con quién? _____

_____

Copyright © 1992 by Holt, Rinehart and Winston, Inc. All rights reserved.

Nombre: _____ Clase: _____ Fecha: _____

17.2 *(a) Escriba una oración original en futuro con los elementos dados.*

1. Uds. / venir _____

_____

2. mis padres / saber _____

_____

3. yo / querer _____

_____

4. todos / poder _____

_____

5. Gumersinda / decir _____

_____

6. tú / ponerse _____

_____

7. valer la pena _____

_____

8. vosotros / hacer _____

_____

(b) Conteste las preguntas con oraciones completas.

1. ¿Con quién vendrás a clase mañana? _____

_____

2. ¿Cuántos alumnos habrá en clase mañana? _____

_____

3. ¿Podrás ayudarme con la tarea? _____

_____

4. ¿Quién querrá casarse contigo? _____

_____

5. ¿Qué ropa se pondrán los chicos el próximo invierno? _____

_____

6. ¿Qué dirá el profesor mañana al comienzo de la clase? _____

_____

Copyright © 1992 by Holt, Rinehart and Winston, Inc. All rights reserved.

7. ¿Qué dirán Uds. mañana al ver a su profesor / a? _____

_____

8. ¿Cuándo habrá colonias humanas en el espacio? _____

_____

17.3 *Escriba ocho especulaciones en el futuro perfecto sobre el futuro; use las frases a continuación como punto de partida.*

EJEMPLO   llegar a Marte
    —>   **Antes de 1999, algunos científicos habrán llegado a Marte.**

1. descubrir un remedio contra el cáncer _____

_____

2. explorar el fondo del mar _____

_____

3. hacer un tratado de desarme nuclear _____

_____

4. controlar la explosión demográfica _____

_____

5. encontrar una nueva tecnología energética _____

_____

6. inventar formas de proteger los recursos naturales _____

_____

7. formular nuevas leyes para proteger el ambiente _____

_____

8. aprobar leyes contra la contaminación del aire _____

_____

9. haber igualdad entre mujeres y hombres _____

_____

10. eliminarse la pobreza _____

_____

   Copyright © 1992 by Holt, Rinehart and Winston, Inc. All rights reserved.

Nombre: _____ Clase: _____ Fecha: _____

17.4 *(a) Complete las oraciones usando la voz pasiva del verbo entre paréntesis.*

1. La penicilina (descubrir) _____ por Fleming. 2. El foco eléctrico (inventar) _____ por Thomas Edison. 3. La resolución a favor de los derechos humanos (adoptar) _____ por el congreso. 4. Esos murales (pintar) _____ por Diego Rivera. 5. Esos conciertos (transmitir) _____ por CBS. 6. Esos artículos (escribir) _____ por uno de mis colegas. 7. Las leyes contra la contaminación ambiental (aprobar) _____ por el gobierno.

(b) Usando los elementos a continuación, invente oraciones en voz pasiva.

1. América / nombrar _____
_____

2. nuestra universidad / fundar _____
_____

3. las computadoras de la universidad / comprar _____
_____

4. la primera bomba atómica / lanzar _____
_____

5. los cuadros que más me gustan / pintar _____
_____

6. el avión / inventar _____
_____

17.5 *(a) Complete las oraciones con **fue, fueron, estaba** o **estaban**.*

1. La casa no _____ terminada cuando tuvimos que ocuparla. 2. La puerta _____ cerrada por el guardia a las diez en punto. 3. Las luces _____ apagadas cuando yo me fui. 4. Pudimos entrar porque la puerta no _____ cerrada. 5. Nuestra calle _____ pavimentada por el gobierno municipal. 6. Algunos chicos _____ parados y otros _____ recostados. 7. Los pasteles _____ hechos por nuestro gran amigo Antonio. 8. La casa _____ hecha de ladrillo.

Copyright © 1992 by Holt, Rinehart and Winston, Inc. All rights reserved.

*(b) Describa el resultado de las acciones a continuación con una forma de **estar** y el participio.*

MODELO   María se sentó. —> **María está sentada.**

1. Javier se durmió. _____

_____

2. Juan se paró. _____

_____

3. Terminaron la catedral. _____

_____

4. María arregló su cuarto. _____

_____

5. Mario se disfrazó de pirata. _____

_____

6. Josefina colgó un cuadro en la pared. _____

_____

7. El director encendió las luces. _____

_____

8. Los devotos se arrodillaron delante del altar. _____

_____

9. El joven se reclinó contra un árbol. _____

_____

10. Nos acostamos. _____

_____

(c) Complete las oraciones con una forma de ser o estar de acuerdo con la información dada en itálica.

1. *Miguel quiere impresionar a la madre de su novia.* Hoy _____ muy cortés.

2. *El Sr. Sánchez se enfermó hace poco y parece viejo.* _____ muy viejo.

3. *Josefina tiene una inteligencia hábil y rápida.* _____ inteligente. 4. *Hay un concierto esta noche en el auditorio municipal.* El concierto _____ en el centro.

5. *Isabel acaba de ponerse un nuevo vestido.* _____ muy bonita. 6. *El profesor Paredes ya no tiene pelo.* _____ calvo. 7. *La familia Garza perdió todo su dinero en la última recesión.* Los Garza _____ pobres.

176   Copyright © 1992 by Holt, Rinehart and Winston, Inc. All rights reserved.

17.6 *(a) El profesor López no comprende la conducta de sus alumnos; explíquele qué es lo que pasa.*

MODELO   Marina está mojada. (olividar el paraguas) —>
Mariana está mojada porque se le olvidó el paraguas.

1. Algunos alumnos no saben las respuestas. (olvidar hacer la tarea)

_____

_____

 2. Hugo y Martín llegaron tarde. (descomponer el coche)

_____

_____

3. Marisa no tiene su cuaderno. (quedar el portafolio en casa)

_____

_____

4. Ricardo no quiere levantarse. (romper el pantalón)

_____

_____

5. Margarita llegó tarde. (descomponer el despertador)

_____

_____

6. El libro de Juan está en el piso. (caer)

_____

_____

7. Jorge no puede caminar. (romper una pierna)

_____

_____

8. Celia está preocupada. (enfermar su pájaro)

_____

_____

Copyright © 1992 by Holt, Rinehart and Winston, Inc. All rights reserved.

17.7 *Escriba oraciones originales con las expresiones a continuación.*

1. ir _____

_____

2. irse _____

_____

3. aburrirse _____

_____

4. aburrir _____

_____

5. casarse _____

_____

6. casar _____

_____

7. bañar _____

_____

8. bañarse _____

_____

9. dormir _____

_____

10. dormirse _____

_____

11. quedar _____

_____

12. quedarse _____

_____

13. separar _____

_____

14. separarse _____

_____

Copyright © 1992 by Holt, Rinehart and Winston, Inc. All rights reserved.

Vocabulario

¿Qué elementos de la primera columna se combinan con los de la segunda?

1. el ambiente
2. el logro
3. castigar
4. promover
5. la explosión demográfica
6. el nivel de vida
7. el ayuntamiento
8. la estafa
9. el tratado
10. los analfabetos
11. caber
12. la tasa de inflación
13. los recursos naturales
14. el desarrollo
15. la vacuna
16. calvo
17. la pobreza
18. estacionamiento
19. la prueba
20. proscribir

a. ___ un robo o un fraude, por ejemplo
b. ___ sin pelo
c. ___ un lugar para coches
d. ___ gente que no sabe leer
e. ___ 6% anual, por ejemplo
f. ___ una inyección preventiva
g. ___ el examen, la evaluación
h. ___ la atmósfera
i. ___ valer la pena
j. ___ el triunfo
k. ___ contrario de riqueza
l. ___ el reflejo
m. ___ producto de una alta tasa de fertilidad
n. ___ el gobierno municipal
o. ___ prohibir
p. ___ advertir
q. ___ imponer una pena o una sanción
r. ___ la prosperidad relativa
s. ___ ser del tamaño adecuado
t. ___ un acuerdo entre naciones
u. ___ el progreso, por ejemplo
v. ___ apoyar

Copyright © 1992 by Holt, Rinehart and Winston, Inc. All rights reserved.

Capítulo 18
La salud y la medicina

18.1 *(a) Combine los pares de oraciones, usando la conjunción adverbial que está entre paréntesis.*

MODELO   Mi papá trabaja mucho. La familia tiene lo necesario. (para que)
—> **Mi papá trabaja mucho para que la familia tenga lo necesario.**

1.   La enfermera deposita las jeringas usadas en una bolsa. La señora que hace la limpieza las destruye. (a fin de que)

_____

_____

2.   Ese paciente se va a morir. El médico le hace una transfusión de sangre. (a menos que)

_____

_____

3.   La compañía de seguros no protesta. El paciente no tiene que pagar demasiado. (con tal de que)

_____

_____

4.   No puedes darle esa droga a un paciente. El paciente la acepta. (sin que)

_____

_____

5.   Puedes conseguir las mismas pastillas. El médico te da otra receta. (con tal de que)

_____

_____

6.   Queremos conseguir las gotas. La farmacia cierra. (antes de que)

_____

_____

Copyright © 1992 by Holt, Rinehart and Winston, Inc. All rights reserved.

7.   No baño a los pacientes. Ellos no pueden bañarse solos. (a menos que)

_____

_____

8.   Tenemos el seguro. Alguien en la familia se enferma. (en caso de que)

_____

_____

9.   Tienes que usar guantes de plástico. Los pacientes no te infectan. (para que)

_____

_____

(b) Termine las oraciones de forma creativa.

1. Voy a la farmacia para que _____

_____

2. Quiero llamar al médico a fin de que _____

_____

3. No iré a la clínica a menos que _____

_____

4. Pagaré el seguro médico con tal de que _____

_____

5. Quiero que me vacunen antes de que _____

_____

6. Quiero que mis hijos estén vacunados en caso de que _____

_____

7. No usaré esa droga sin que _____

_____

    Copyright © 1992 by Holt, Rinehart and Winston, Inc. All rights reserved.

Nombre: _____ Clase: _____ Fecha: _____

18.2 *(a) Escriba las oraciones en futuro.*

MODELO   Me quedé en casa hasta que Jacinto me llamó.
      —> *Me quedaré en casa hasta que Jacinto me llame.*

1.   Los padres se levantaron cuando el médico entró.

_____

_____

2.   Cuando llegaron los resultados del análisis de laboratorio, le receté algún medicamento.

_____

_____

3.   Me baño en cuanto está caliente el agua.

_____

_____

4.   Vamos al laboratorio tan pronto como terminamos aquí.

_____

_____

5.   Empezaron los tratamientos después de que me examinaron.

_____

_____

6.   No me preocupé hasta que supe el diagnóstico.

_____

_____

7.   Lo hice exactamente como querías.

_____

_____

8.   Lo puse donde me dijiste.

_____

_____

(b) Conteste las preguntas a continuación empleando una cláusula adverbial en la respuesta.

1. ¿Cuándo irás de nuevo para ver a tu médico / a?

_____

_____

2. ¿Hasta cuándo piensas estudiar español?

_____

_____

3. ¿Cuándo te graduarás?

_____

_____

4. ¿Cuándo te verán de nuevo tus padres?

_____

_____

5. ¿Qué harán tus compañeros cuando se termine este año académico?

_____

_____

6. ¿Qué harán tus profesores mientras estén de vacaciones el verano que viene?

_____

_____

Copyright © 1992 by Holt, Rinehart and Winston, Inc. All rights reserved.

Nombre: _____ Clase: _____ Fecha: _____

18.3 *Complete las oraciones con la forma correcta del verbo que está entre paréntesis.*

1. No hay nadie que me (impresionar) _____ tanto como tú. 2. Con tal de que no (hacer) _____ frío, vamos a cenar en el patio. 3. Siempre hago lo que mi médica (querer) _____ . 4. Me visto así para que nadie me (reconocer) _____ . 5. Es totalmente inútil que ellos me lo (decir) _____ ahora. 6. Quizás ellos me lo (prestar) _____ sin intereses. 7. Nos quedaremos hasta que se (terminar) _____ el concierto. 8. Supe quién era en cuanto lo (ver) _____ . 9. Nunca me gusta ir a la playa cuando (hacer) _____ demasiado frío. 10. ¿Conoces a alguien que (entender) _____ el subjuntivo mejor que yo? 11. Siento mucho que tú no (haber) _____ podido asistir a las reuniones. 12. Tengo un amigo que (saber) _____ mucho de mecánica. 13. Negamos terminantemente que la modestia de las perras (ser) _____ un tema de importancia trascendental. 14. Es cierto que los novios se (olvidar) _____ del mundo a veces. 15. Ojalá que tus amigos no (creer) _____ que yo (tener) _____ que pagar la cuenta. 16. No conozco a ninguna persona que (tocar) _____ el piano tan bien como tu hermana. 17. Sabemos que tu jefe (estar) _____ enfermo. 18. Se prohibe que los menores de edad (salir) _____ sin permiso. 19. Te lo digo a fin de que tú (buscar) _____ una forma de resolver el problema. 20. Íbamos mucho al teatro mientras (estar) _____ en Buenos Aires. 21. En caso de que (venir) _____ nuestros amigos, debemos comprar más comida para que (comer) _____ bien. 22. Me alegro de que tú siempre (llegar) _____ con dos o tres chistes. 23. Llegaremos temprano con tal de que (funcionar) _____ bien el coche. 24. Vamos a comer donde tu papá (decir) _____ .

18.4 *(a) Escriba las oraciones en pasado.*

1. No nos gusta que el presidente tome esa posición.

_____

_____

Copyright © 1992 by Holt, Rinehart and Winston, Inc. All rights reserved.

2. Estamos luchando para que reduzcan los impuestos.

_____

_____

3. Temo que suba la tasa de inflación.

_____

_____

4. Están buscando una compañía que quiera invertir en nuestro negocio.

_____

_____

5. No es necesario que me repague el préstamo con intereses.

_____

_____

6. Todos esperamos que Uds. sean los panelistas.

_____

_____

(b) Termine las oraciones de forma creativa, usando el imperfecto del subjuntivo si es necesario.

1. Yo necesitaba alguien que _____

_____

2. No había nadie en la fiesta de Don Tremendón que _____

_____

3. Entré en la casa sin que _____

_____

4. El congreso cortó los impuestos para que _____

_____

5. Yo sabía que _____

_____

6. Mis padres necesitaban que _____

_____

7. Quería bañarme antes de que _____

_____

8. Era probable que _____

_____

Copyright © 1992 by Holt, Rinehart and Winston, Inc. All rights reserved.

18.5 *Escriba la conversación a continuación en discurso indirecto en pasado.*

MODELOS Miguel: Jorge, presénteme a tu amiga.
  —> **Miguel le pidió a Jorge que lo presentara a su amiga.**

       Nosostros: Señor, ábranos la puerta. Hace mucho frío.
  —> **Nosotros le dijimos al señor que nos abriera la puerta**
    porque hacía mucho frío.

Jefa. —Ana, tráigame el informe sobre el subempleo en la frontera.

_____

_____

Ana. —¿Quiere que le lleve el informe de este mes o el del mes pasado?

_____

_____

Jefa. —Déme primero el del mes pasado, pero no guarde el otro. Quiero verlo más

adelante.

_____

_____

Ana. —¿Quiere ver también los comentarios del Sr. López?

_____

_____

Jefa. —No creo que sean muy importantes.

_____

_____

Ana. —Tal vez tenga Ud. razón. Pero creo que es importante que no ofendamos al

Sr. López.

_____

_____

Jefa. —Ud. tiene razón. Déjemelos en mi escritorio. Los puedo examinar más tarde.

_____

_____

Copyright © 1992 by Holt, Rinehart and Winston, Inc. All rights reserved.

18.6 *Escriba las oraciones en pasado.*

1. Dudo que ellos hayan firmado el contrato.

   _____

   _____

2. No creemos que se haya dicho nada importante sobre el presupuesto.

   _____

   _____

3. Temen que su socio haya cambiado de idea.

   _____

   _____

4. Es bueno que hayamos discutido ese problema.

   _____

   _____

5. El jefe se alegra de que los cheques hayan llegado.

   _____

   _____

6. No conozco a nadie que haya viajado por toda la América Latina.

   _____

   _____

7. Sentimos que Uds. no hayan podido venir a las conferencias.

   _____

   _____

8. Es dudoso que ellos hayan ahorrado bastante dinero para comprar esas acciones.

   _____

   _____

10. Dudo que Ud. haya pagado demasiado.

   _____

   _____

Copyright © 1992 by Holt, Rinehart and Winston, Inc. All rights reserved.

Nombre: _____ Clase:_____ Fecha: _____

Vocabulario

(a) Conteste las preguntas.

1. ¿Cuál de estos términos no se refiere a una enfermedad?

   a. la marea
   b. la tos
   c. el jarabe
   d. el resfrío

2. ¿Cuál de estos términos no es un medicamento?

   a. la cita
   b. el remedio
   c. el comprimido
   d. la pastilla

3. ¿Cuál de estos términos se receta para la tos?

   a. el masaje
   b. el jarabe
   c. la gripe
   d. el asco

4. ¿Cuál de estos términos es específicamente un problema ortopédico?

   a. la vacuna
   b. la fiebre
   c. el cólera
   d. la fractura

5. ¿Cuál de estos términos se asocia con una inyección?

   a. la receta
   b. la jeringa
   c. la muela
   d. las gotas

6. ¿Cuál de estos términos no se refiere a una persona?

   a. la curandera
   b. la partera
   c. la receta
   d. la técnica

Copyright © 1992 by Holt, Rinehart and Winston, Inc. All rights reserved.

(b) Combine los elementos de la primera columna con los de la segunda.

a. ___ póliza contra enfermedades

1. el comprimido
b. ___ órgano de la circulación

2. la jeringa
c. ___ la psiquiatra

3. curar
d. ___ la cita

4. vacunar
e. ___ oficina de médicos

5. de pronto
f. ___ estar encinta o embarazada

6. estar en estado
g. ___ prescripción de un medicamento

7. el seguro médico
h. ___ remedio preventivo

8. la muela
i. ___ el órgano auditivo

9. la factura
j. ___ el polvo

10. el cerebro
k. ___ inmediatamente, de repente

11. el consultorio
l. ___ remediar

12. el pulmón
m. ___ cuenta médica

13. la receta
n. ___ órgano mental

14. la gota
o. ___ un diente

15. la psicoterapeuta
p. ___ órgano respiratorio

16. el corazón
q. ___ se usa para inyectar

17. el oído
r. ___ una pastilla

s. ___ cantidad muy pequeña de líquido

Copyright © 1992 by Holt, Rinehart and Winston, Inc. All rights reserved.

Capítulo 19
Las comunidades hispanas en los Estados Unidos

19.1 *(a) Ponga las oraciones en pasado.*

MODELO   María dice que comerá más tarde.
—>   **María dijo que comería más tarde.**

1. Creo que necesitaré mi licencia de manejar.

_____

_____

2. Dice Roberta que sus padres no firmarán el contrato.

_____

_____

3. Nadie piensa que el ladrón dirá la verdad.

_____

_____

4. Me dicen que tendré que llenar una planilla.

_____

_____

5. Creo que deberemos llevar los pasaportes.

_____

_____

6. ¿Decís que solicitaréis una beca para el año que viene?

_____

_____

(b) Complete las oraciones con una especulación creativa.

EJEMPLO   En España / comer —>   **En España yo comería pescado todos los días.**

1. En Río de Janeiro / ir _____

_____

Copyright © 1992 by Holt, Rinehart and Winston, Inc. All rights reserved.

2. En México / beber _____

_____

3. En Siberia / quedarse _____

_____

4. En Francia / nos gustar _____

_____

5. En Nicaragua / me gustar _____

_____

6. En Chile / pasar _____

_____

19.2 *Imagínese lo que la gente nombrada entre paréntesis habría hecho.*

MODELO   Mario compró un coche enorme. (yo)
—>   **Yo habría comprado un coche más pequeño.**

1. Javier se casó a los dieciocho años. (yo) _____

_____

2. Marisa dejó su coche en la calle. (nosotros) _____

_____

3. Martín y Jorge se quedaron en casa anoche. (vosotros) _____

_____

4. Mario pidió una extensión para terminar su ensayo. (los otros alumnos) _____

_____

5. Elena se puso un abrigo de lana para ir a la playa. (otra gente) _____

_____

6. Elsa pagó la multa sin protestar. (Aída y yo) _____

_____

7. Los Gómez vendieron su casa en U$S 30.000. (un buen hombre de negocios) _____

_____

8. Gumersinda dijo una tremenda mentira. (una persona honesta) _____

_____

Copyright © 1992 by Holt, Rinehart and Winston, Inc. All rights reserved.

Nombre: _____ Clase: _____ Fecha: _____

19.3 *(a) Escriba los pedidos a continuación de una forma más cortés.*

MODELO   Quiero que firmes aquí en la raya.
     —> **Quisiera que firmaras aquí en la raya.**

1. ¿Pueden Uds. venir mañana? _____

_____

2. Quiero arroz con pollo. _____

_____

3. Deben Uds. hablar con el jefe cuanto antes. _____

_____

4. Queremos que Ud. nos mande la planilla por correo. _____

_____

5. ¿Puedo ver su cartilla de identidad? _____

_____

6. ¿Sabe Ud. el teléfono del gerente? _____

_____

7. ¿Qué opina Ud. sobre el problema? _____

_____

8. ¿Puede Ud. explicarme qué pasa aquí? _____

_____

(b) Invente una pregunta adecuada (y cortés) para las situaciones a continuación.

MODELO   Ud. necesita que alguien le cambie un cheque.
     —> **¿Podría Ud. cambiarme un cheque?**

1. Ud. necesita saber la hora. _____

_____

2. Ud. quiere que alguien le dé su teléfono. _____

_____

3. Ud. quiere que su padre le endorse un cheque. _____

_____

4. Ud. quiere invitar a Cecilia y a María Luisa a una fiesta. _____

_____

Copyright © 1992 by Holt, Rinehart and Winston, Inc. All rights reserved.

5. Ud. está con su jefe y quiere un aumento. _____
_____

6. Ud. quiere saber dónde dejar una solicitud. _____
_____

7. Ud. está llenando una planilla y no encuentra la raya para firmar._____
_____

8. Ud. vuelve a su coche y un policía le está poniendo una multa._____
_____

Copyright © 1992 by Holt, Rinehart and Winston, Inc. All rights reserved.

19.4 *(a) Complete las oraciones con la forma correcta del verbo que está entre paréntesis. Observe bien la correlación de tiempos.*

1. Les mandé el formulario para que ellos me (dar) _____ el pasaporte. 2. Será necesario que tú les (mandar) _____ la solicitud antes del día quince. 3. Quisiera que Uds. me (explicar) _____ el asunto. 4. Felipe II nombró a varios corregidores (*inspectores*) a fin de que lo (mantener) _____ al tanto de lo que pasaba en las colonias. 5. No conocemos a nadie que se (haber) _____ matriculado sin pagar. 6. Nadie dudaba que a Mario le (haber) _____ dado la beca.

(b) Complete las oraciones de forma correcta, observando bien la correlación de tiempos.

1. Me gustaría que _____

_____

2. Mis padres querían que _____

_____

3. Quisiéramos que _____

_____

4. Me pedirán que _____

_____

5. No creo que _____

_____

6. Nadie ha negado que _____

_____

7. Se prohibe que _____

_____

8. Nuestro profesor de química exigió que _____

_____

19.5 *Escriba una oración (o una pregunta) original con las expresiones a continuación, demostrando que Ud. comprende bien su sentido.*

1. desde que _____

_____

Copyright © 1992 by Holt, Rinehart and Winston, Inc. All rights reserved.

2. darse cuenta de _____

_____

3. cada vez menos _____

_____

4. darse cuenta de que _____

_____

5. desde _____

_____

6. ya que _____

_____

7. cada año más _____

_____

8. como _____

_____

9. cada vez más _____

_____

10. realizar _____

_____

19.6 *Escriba oraciones o preguntas originales con las frases a continuación.*

1. va a haber _____

_____

2. habrá _____

_____

3. ha habido _____

_____

4. hubo _____

_____

5. puede haber _____

_____

6. debe haber _____

_____

7. tiene que haber _____

_____

Copyright © 1992 by Holt, Rinehart and Winston, Inc. All rights reserved.

Vocabulario

(a) Conteste las preguntas.

1. ¿Cuál de estos términos no se asocia con la asimilación?

   a. el choque cultural b. la frontera c. el accionista d. la ciudadanía

2. ¿Cuál de estos términos no se asocia con la inmigración?

   a. la aduana   b. el pasaporte c. el permiso de trabajar   d. el usuario

3. ¿Cuál de estos términos no se refiere a un burócrata?

   a. el funcionario b. el inversionista c. el inspector d. el oficial

4. ¿Cuál de estos términos no se encuentra en un certificado de nacimiento?

   a. el lugar de nacimiento b. el apellido materno

   c. la fecha de nacimiento d. la multa

5. ¿Cuál de estos términos no se asocia con la prosperidad?

   a. el lujo b. las ganancias c. la escasez d. la riqueza

Copyright © 1992 by Holt, Rinehart and Winston, Inc. All rights reserved.

(b) Combine los elementos de la primera columna con los de la segunda.

1. la frontera
2. actualmente
3. el sello
4. la libre empresa
5. gratuito
6. el ciudadano
7. el ingreso
8. la empresa
9. la aduana
10. fracasar
11. ahorrar
12. la materia prima
13. el visado
14. el sinvergüenza
15. la planilla
16. amistoso
17. tener que ver con
18. realizar
19. darse cuenta de
20. el presupuesto

a. ___ el sistema capitalista
b. ___ el negocio, la compañía
c. ___ miembro oficial de un país
d. ___ producto previo a la manufactura
e. ___ plan económico
f. ___ estar relacionado con
g. ___ que no cuesta
h. ___ señal para autorizar documentos
i. ___ amigable
j. ___ salir reprobado
k. ___ no tener éxito
l. ___ el salario, por ejemplo
m. ___ en este momento
n. ___ verdaderamente
o. ___ el control de importaciones
p. ___ línea entre dos países
q. ___ guardar dinero, por ejemplo
r. ___ la visa
s. ___ el formulario
t. ___ persona de pocos escrúpulos
u. ___ lograr, conseguir
v. ___ reconocer, concluir

Copyright © 1992 by Holt, Rinehart and Winston, Inc. All rights reserved.

Capítulo 20
El amor y el desamor

20.1 *(a) Escriba una oración hipotética para cada una de las situaciones a continuación.*

MODELO   Ese señor no trabaja mucho; por eso está pobre.
   —>   **Si ese señor trabajara más, no estaría tan pobre.**

1. Ese chico no me quiere; por eso no me llama.

_____

_____

2. Ese matrimonio está en crisis; por eso se van a divorciar.

_____

_____

3. Miguel es muy tímido; por eso no se atreve a llamar a Gloria.

_____

_____

4. Hace demasiado calor; por eso Marta no sale de casa.

_____

_____

5. Raúl y Sebastián son jóvenes todavía; por eso comen tanto.

_____

_____

(b) Complete las oraciones de forma creativa.

MODELO   No vivo en España, pero ...
   —>   **No vivo en España, pero si viviera en España, preferiría
         vivir en una gran ciudad.**

1. Mis padres no están conmigo, pero ... _____

_____

2. No puedo cantar ópera, pero ... _____

_____

Copyright © 1992 by Holt, Rinehart and Winston, Inc. All rights reserved.

3. Tú no me comprendes, pero ... _____

_____

4. Miguel Angel no vive ahora, pero ... _____

_____

5. Mis mejores amigos no son millonarios, pero ... _____

_____

(c) Conteste las preguntas con oraciones completas.

1. ¿Qué harías si tuvieras un / a hijo / a exactamente como tú?

_____

_____

2. ¿Qué harían Uds. si no pudieran estudiar español?

_____

_____

3. ¿Dónde preferirían vivir tus padres si pudieran vivir en otro país?

_____

_____

4. ¿Qué harías si fueras presidente del país?

_____

_____

5. ¿Qué haría Miguel de Cervantes si estuviera en la clase de español?

_____

_____

Copyright © 1992 by Holt, Rinehart and Winston, Inc. All rights reserved.

20.2 *Invente una situación posible con **si** para justificar los resultados dados a continuación.*

MODELO   Javier saldrá bien en el examen.
    —>   **Si Javier estudia, saldrá bien en el examen.**

1. Marisa y Miguel se casarán pronto. _____
_____

2. Comeremos en un sitio elegante. _____
_____

3. Marta y Jorge irán a un picnic mañana. _____
_____

4. Las clases terminarán pronto. _____
_____

5. Los estudiantes de cuarto año se graduarán en unos días. _____
_____

6. Pediré consejos a un terapista. _____
_____

7. Vicente pasará toda la tarde hablando con su mejor amigo. _____
_____

8. Vendrán mis amigos a verme. _____
_____

9. Nunca te faltará dinero. _____
_____

10. Habrá paz y contentamiento en el mundo. _____
_____

Copyright © 1992 by Holt, Rinehart and Winston, Inc. All rights reserved.

20.3 *(a) Invente una oración hipotética en pasado como consecuencia de cada una de las situaciones reales descritas a continuación.*

MODELO   No estaban mis amigos en la fiesta.
—>   **Si hubieran estado mis amigos en la fiesta, me habría divertido más.**

1. Enrique VIII quería divorciarse. _____

_____

2. Estudié español este año. _____

_____

3. Se descubrió oro en California. _____

_____

4. Los ingleses perdieron la guerra revolucionaria norteamericana. _____

_____

5. Texas fue anexado por los Estados Unidos._____

_____

(b) Conteste las preguntas con oraciones completas.

1. ¿Qué le habrías dicho a Colón si lo hubieras conocido personalmente?

_____

_____

 2. ¿Qué habrías estudiado si no hubieras estudiado español este año?

_____

_____

3. Si hubieras tenido fondos ilimitados, ¿adónde te habrías ido el verano pasado?

_____

_____

4. ¿Qué habría pasado si el sur hubiera ganado la guerra civil?

_____

_____

5. ¿Qué habría pasado si los indios en México hubieran ganado contra Cortés?

_____

_____

Copyright © 1992 by Holt, Rinehart and Winston, Inc. All rights reserved.

Nombre: _____ Clase: _____ Fecha: _____

20.4 *Complete las oraciones de forma original. Preste mucha atención a la primera parte de la oración para ver si se trata de una situación posible, una situación hipotética en presente, o una situación hipotética en pasado.*

1. Si hace frío mañana, _____

_____

2. Si hiciera buen tiempo ahora, _____

_____

3. Nosotros viajaríamos por toda América Latina si _____

_____

4. Si yo hubiera vivido en tiempos bíblicos, _____

_____

5. Si compro un coche el año que viene, _____

_____

6. Si los coches nuevos no fueran tan caros, _____

_____

7. Compraríamos una escultura de Rodin si _____

_____

8. ¿Qué clase de cuadros habría pintado El Greco si _____

_____

9. Si cumplo con los requisitos de este curso _____

_____

10. Si yo tuviera un nombre como Don Tremendón, _____

_____

20.5 *Complete las oraciones de forma creativa; preste atención a la primera parte de la oración para ver si está en pasado o presente.*

1. Algunos padres tratan a sus hijos como si ... _____

_____

2. A veces los profesores nos dan trabajo como si ... _____

_____

3. Tengo un amigo que maneja como si ... _____

_____

Copyright © 1992 by Holt, Rinehart and Winston, Inc. All rights reserved.

4. Felipe II trató a Isabel I de Inglaterra como si ... _____

_____

5. Cuando estoy contento / a, me porto como si ... _____

_____

6. Mis amigos comieron ayer como si ... _____

7. Mi novio / a siempre me trata como si ... _____

_____

8. Nuestro equipo de fútbol este año jugó como si ... _____

_____

Vocabulario

¿Qué elementos de la primera columna se combinan con los de la segunda?

1. a menudo
2. tomar en serio
3. compartir
4. cobarde
5. la luna de miel
6. el descuido
7. la pareja
8. fiel
9. chistoso
10. en cuanto a

a. ___ humorístico
b. ___ un grupo de dos
c. ___ la meta
d. ___ la falta de atención
e. ___ leal, constante, perseverante
f. ___ tener en común
g. ___ hábil
h. ___ con relación a
i. ___ considerar seriamente
j. ___ con frecuencia
k. ___ no valiente
l. ___ viaje de recién casados

Copyright © 1992 by Holt, Rinehart and Winston, Inc. All rights reserved.

Nombre: _____ Clase: _____ Fecha: _____

20.6   *Con los elementos dados, escriba una oración con* **ojalá** *u* **ojalá que***; ponga el sujeto que Ud. quiera.*

MODELO   ser presidente
—>   **Ojalá que yo** *(mi mamá, mi novio, etc.)* **fuera presidente.**

1. vivir en otro país _____

_____

2. estar en Siberia _____

_____

3. ser brillante, talentoso / a y bello / a como yo _____

_____

4. darme los millones de dólares que merezco _____

_____

5. no hablar nunca más de Gumersinda y Don Tremendón _____

_____

(b) Escriba cinco oraciones originales sobre cómo Ud. cambiaría el mundo actual.

EJEMPLOS —>   **Ojalá que mi profesor/a de español tuviera un Porsche 914.**
—>   **Ojalá que mi amigo Jorge y yo estuviéramos tomando sol en una isla tropical del Caribe.**

1. _____

_____

2. _____

_____

3. _____

_____

4. _____

_____

5. _____

_____

Copyright © 1992 by Holt, Rinehart and Winston, Inc. All rights reserved.

(c) Escriba cinco oraciones originales sobre cómo Ud. cambiaría la historia si pudiera.

Ejemplos　　—>　**Ojalá que Hitler nunca hubiera vivido.**
　　　　　　　　—>　**Ojalá que la bomba atómica nunca se hubiera inventado.**

1. _____

_____

2. _____

_____

3. _____

_____

4. _____

_____

5. _____

_____

Vocabulario

Conteste las preguntas.

1. ¿Cuál de estos términos no se asocia con una buena relación?

   a. la fidelidad b. el afecto c. la venganza d. la cortesía

2. ¿Cuál de estas actividades no es propia del cortejo?

   a. comer juntos b. extrañar c. prometer ser bueno d. fracasar

3. ¿Cuál de estos términos no se asocia con una mala relación?

   a. la sensibilidad b. el descuido c. la venganza d. la infidelidad

4. ¿Cuál de estos términos no define al comprometido ideal?

   a. amoroso b. afecturoso c. insoportable d. fiel

5. ¿Cuál de estas expresiones no se usa con una persona inaguantable?

   a. Déjeme solo. b. Déjeme en paz. c. Váyase. d. Quizás te llame esta noche.

Copyright © 1992 by Holt, Rinehart and Winston, Inc. All rights reserved.

Quinto repaso

A. *Complete las oraciones con un mandato formal con los verbos que están entre paréntesis (§9.2).*

1. (salir) _____ Uds. antes de las nueve. 2. (despertarse) _____ Uds. a la hora que quieran. 3. No (levantarse) _____ Ud. si tiene sueño. 4. No (irse) Uds. _____ sin comer. 5. (dármelo) _____ Ud. ahora. 6. No (dármelo) _____ Ud. más tarde.

B. *Complete las oraciones con un mandato de tú (§14.6).*

1. (venir) _____ en taxi; no _____ en tren. 2. (salir) _____ conmigo; no _____ con Roberto. 3. (decir) _____ algo interesante; no _____ cosas aburridas. 4. (dármelos) _____ ahora; no _____ más tarde. 5. (hacerlo) _____ cuánto antes; no _____ mañana. 6. (comérselo) _____ . 7. No (comerse) _____ eso. 8. (tomar) _____ una aspirina; no _____ dos.

C. *Conteste las preguntas en futuro; siga el modelo (§17.1 y §17.2).*

MODELO ¿Le hablas ahora? —> **No, le hablaré mañana.**

1. ¿Lo haces ahora?

_____

2. ¿Vienen Josefina y Miguel ahora?

_____

3. ¿Me lo dices ahora?

_____

4. ¿Tiene Juan el número ahora?

_____

5. ¿Pueden Uds. ayudarme ahora?

_____

Copyright © 1992 by Holt, Rinehart and Winston, Inc. All rights reserved.

6. ¿Me lo escribes ahora?

_____

7. ¿Salen los chicos hoy?

_____

8. ¿Toma Tomás el tren ahora?

_____

D.   *Escriba las oraciones en voz pasiva (§17.4).*

MODELO   Pepe tiró la pelota. —> **La pelota fue tirada por Pepe.**

1. Miguel ganó esos trofeos. _____

_____

2. Nuestro equipo derrotó al otro equipo. _____

_____

3. Josefina compró esa cama ayer. _____

_____

4. García Márquez escribió esas novelas. _____

_____

5. Colón descubrió América. _____

_____

6. La tormenta rompió esos vidrios. _____

_____

7. Los niños devolverán los libros. _____

_____

8. Einstein propuso la teoría de la relatividad. _____

_____

Copyright © 1992 by Holt, Rinehart and Winston, Inc. All rights reserved.

Nombre: _____ Clase: _____ Fecha: _____

E. *Complete las oraciones con la forma correcta del verbo que está entre paréntesis (§15.1, §15.2, §18.1 y §18.2).*

1. Dudo que ella (ser) _____ colombiana. 2. No creemos que Manuel lo (tener) _____ . 3. Estoy segura de que todos (venir) _____ con hambre. 4. Estoy buscando un libro que (incluir) _____ fotos lindas. 5. Tal vez mi padre (saber) _____ la respuesta. 6. Tengo un amigo que (hablar) _____ cinco idiomas. 7. No hay nadie que lo (hacer) _____ mejor que tú. 8. ¿Conoces a alguien que (poder) _____ darme esa información? 9. Lo haré cuando (tener) _____ más tiempo. 10. Siempre viene Javier cuando (tener) _____ tiempo. 11. Tendrás que quedarte en el hospital hasta que (sentirse) _____ mejor. 12. Te lo explicaré después de que (cumplir) _____ quince años.

F. *Invente una comparación con los elementos a continuación (§15.3).*

1. Yo corrí mucho. Juan corrió poco. _____

_____

2. Yo corrí una milla; Juana corrió una milla también. _____

_____

3. Compré dos pantalones y Raúl compró dos pantalones también. _____

_____

4. Mi tía tiene cuatro hijas y mi madre tiene cuatro hijas también. _____

_____

5. Mi coche es bueno; tu coche es un desastre. _____

_____

6. Este libro es muy bueno, el otro es muy malo. _____

_____

7. María canta bien y Gumersinda canta mal. _____

_____

8. Los programas del Canal Trece son buenos y los programas del Canal Ocho son malos. _____

_____

9. Trabajamos mucho y Uds. trabajan mucho también. _____

_____

Copyright © 1992 by Holt, Rinehart and Winston, Inc. All rights reserved.

10. Esas revistas son malas pero aquellas son horribles. _____

_____

G. *Usando los elementos dados, escriba una oración en superlativo (§15.4).*

1. Javier / viejo _____

_____

2. Isabel / inteligente _____

_____

3. Arturo y Ricardo / guapos _____

_____

4. sopa / buena _____

_____

5. equipo / malo _____

_____

6. ejercicio / fácil _____

_____

Copyright © 1992 by Holt, Rinehart and Winston, Inc. All rights reserved.

H. *Reporte los mandatos en discurso indirecto (§18.5).*

MODELO   Ricardo a Lulú. —Ven ahora mismo.
—>   **Ricardo le dijo a Lulú que viniera ahora mismo.**

1. El médico a su paciente. —No coma nada durante tres horas.

_____

_____

2. Irma a su novio. —No hables más con Gumersinda.

_____

_____

3. El profesor Pérez a sus alumnos. —Aprendan bien los nuevos verbos.

_____

_____

4. El presidente a los senadores. —Aprueben ese proyecto de ley.

_____

_____

5. Beatriz a su hijo. —Dime la verdad.

_____

_____

6. Roberto a nosotros. —Háganlo para mañana.

_____

_____

7. Mamá a mí. —No me despiertes demasiado temprano.

_____

_____

8. Don Tremendón a su vecino. —No tengas miedo de mi dragón.

_____

_____

Copyright © 1992 by Holt, Rinehart and Winston, Inc. All rights reserved.

I. *Conteste las preguntas en el pretérito perfecto (§16.1 y §16.2).*

MODELO   ¿Fuiste a Buenos Aires? —> **No, nunca he ido a Buenos Aires.**

1. ¿Viste aquella película? _____

_____

2. ¿Conociste al Dr. Jauretche? _____

_____

3. ¿Dijo una mala palabra Alicia? _____

_____

4. ¿Rompió Ud. aquel espejo? _____

_____

5. ¿Leyeron tus amigos esa novela? _____

_____

6. ¿Se te descompuso el tocadiscos? _____

_____

7. ¿Se casó Gumersinda? _____

_____

8. ¿Estuvieron Uds. en Mérida?_____

_____

J. *Cambie las oraciones al pasado (§19.4).*

1. Dice María que vendrá más tarde. _____

_____

2. Creo que los niños llegarán con su papá. _____

_____

3. Espero que lleguen antes de que comience a llover. _____

_____

4. Estoy segura de que lo harán en cuanto tengan tiempo. _____

_____

5. Dice José que sus amigos y él saldrán temprano para que todos puedan apreciar la

vista antes de que se ponga el sol. _____

_____

_____

Copyright © 1992 by Holt, Rinehart and Winston, Inc. All rights reserved.

Nombre: _____ Clase: _____ Fecha: _____

K. *Complete las oraciones con **por** o **para** (§8.7 y §13.7).*

1. Me lo vendieron _____ trescientos dólares. 2. Antes, yo trabajaba _____ una empresa extranjera. 3. Compré un regalo _____ el cumpleaños de mi hermana. 4. Tuvimos que entrar _____ la ventana porque se me perdió la llave. 5. Mañana salimos _____ Madrid. 6. Vamos _____ tren. 7. _____ estudiantes que han estudiado solamente un año, hablan muy bien. 8. Tengo que trabajar _____ Ana porque está enferma. 9. Si no lo terminamos _____ mañana, papá se enojará. 10. ¿Pasarás _____ mí más tarde?

L. *Invente una oración hipotética en presente usando los elementos a continuación (§20.1).*

MODELO   yo / ser —> **Si yo fuera menos interesante, tendría menos amigos.**

1. Gumersinda / estar _____

_____

2. yo / enamorarse _____

_____

3. mi mejor amiga / casarse _____

_____

4. nosotros / tener _____

_____

5. haber _____

_____

M. *Conteste las preguntas a continuación con oraciones completas (§20.3).*

1. ¿Qué habrías hecho si hubieras estado en uno de los barcos de Cristóbal Colón?

_____

_____

2. ¿Qué habría pasado si España hubiera colonizado Estados Unidos?_____

_____

3. ¿Dónde habrías estudiado si no hubieras venido aquí? _____

_____

Copyright © 1992 by Holt, Rinehart and Winston, Inc. All rights reserved.

4. ¿En qué época histórica te hubiera gustado vivir y por qué?_____

_____

5. ¿Qué pregunta habrías escrito en vez de ésta? _____

_____

N. *Exprese sus deseos más fantásticos usando ojalá (§20.6).*

MODELOS   —>   **Ojalá que ... se enamorara de mí.**
             —>   **Ojalá que yo hubiera vivido durante el renacimiento.**

1. _____

_____

2. _____

_____

3. _____

_____

4. _____

_____

5. _____

_____

 Copyright © 1992 by Holt, Rinehart and Winston, Inc. All rights reserved.

Capítulo gramatical suplementario

S.1 (a) *Usando el tiempo futuro, escriba una oración o pregunta equivalente a las oraciones a continuación.*

1. Me pregunto si alguien tiene un remedio contra el cáncer. _____
   _____

2. Probablemente hay vida en otros planetas. _____
   _____

3. Me pregunto si el feminismo es un movimiento internacional unido. _____
   _____

4. Las mujeres de todas partes deben tener mucho en común. _____
   _____

5. Me pregunto si ese diario apoya los derechos humanos. _____
   _____

6. El presidente y sus asesores deben saber lo que pasa en el mundo. _____
   _____

7. Me pregunto quién inventó la vacuna contra la hepatitis? _____
   _____

8. Probablemente la inventó un equipo de científicos. _____
   _____

9. Me pregunto cuánto creció la población durante la década pasada? _____
   _____

10. La explosión demográfica probablemente alcanzó un nuevo récord durante la
    década pasada._____
   _____

(b) *Conteste las preguntas con oraciones completas.*

1. ¿Quién será la persona más poderosa en la Casa Blanca? _____
   _____

Copyright © 1992 by Holt, Rinehart and Winston, Inc. All rights reserved.

2. ¿Cuántos hispanos habrá en California? _____

_____

3. ¿Cuánto analfabetismo habrá en los Estados Unidos? _____

_____

4. ¿Tendrán las jóvenes de ahora la misma conciencia feminista que tenía la generación

anterior? _____

_____

5. ¿Cómo vivirán los desempleados? _____

_____

6. ¿En qué año habrá muerto Cristóbal Colón? _____

_____

7. ¿Quién habrá escrito más sobre los abusos de los derechos humanos? _____

_____

8. ¿Se habrá resuelto la crisis del petróleo? _____

_____

9. ¿Quién habrá hablado con un extraterrestre? _____

_____

(c) Escriba en condicional un equivalente de las oraciones y preguntas a continuación.

MODELOS   Me pregunto dónde estaba Javier anoche.
    —>   **¿Dónde estaría Javier anoche?**
         Estaba probablemente con su amigo Jorge.
    —>   **Estaría con su amigo Jorge.**

1. Me pregunto qué pensaba Julieta cuando vio a Romeo. _____

_____

2. Probablemente quería saber quién era ese hombre tan guapo. _____

_____

3. Me pregunto cómo eran los primeros colonos españoles. _____

_____

4. Probablemente eran personas muy fuertes. _____

_____

    Copyright © 1992 by Holt, Rinehart and Winston, Inc. All rights reserved.

Nombre: _____ Clase: _____ Fecha: _____

S.2 *(a) Responda a las preguntas dos veces, una vez en afirmativo y otra en negativo.*

MODELO   ¿Vamos a hacerlo?   —> **Sí, hagámoslo.**
                                —> **No, no lo hagamos.**

1. ¿Vamos a meternos al agua?

_____

_____

2. ¿Debemos cerrar la puerta con llave?

_____

_____

3. ¿Debemos mandarles las fotografías a nuestros padres?

_____

_____

4. ¿Podemos poner la radio?

_____

_____

5. ¿Tenemos que irnos ahora?

_____

_____

6. ¿Debemos levantarnos ahora?

_____

_____

*(b) Escriba cinco oraciones originales con el imperativo de **nosotros** invitando a una persona famosa a hacer algo interesante.*

EJEMPLO   **Roberto Redford, hablemos un poco de la película que Ud. acaba de hacer.**

1. _____

_____

2. _____

_____

3. _____

_____

Copyright © 1992 by Holt, Rinehart and Winston, Inc. All rights reserved.

4. _____

_____

5. _____

_____

S.3   *Conteste las preguntas a continuación con un mandato familiar plural (de **vosotros**), primero en afirmativo y después en negativo. Emplee complementos pronominales en la respuesta si es posible.*

1. ¿Te subimos las maletas?

_____

_____

2. ¿Te compramos el pasaje?

_____

_____

3. ¿Te traemos el coche?

_____

_____

4. ¿Podemos acostarnos en el piso?

_____

_____

5. ¿Te reservamos un cuarto de hotel?

_____

_____

6. ¿Podemos ir al cine ahora?

_____

_____

7. ¿Podemos ir al aeropuerto con nuestros amigos?

_____

_____

8. ¿Os lo decimos ahora o más tarde?

_____

_____

Copyright © 1992 by Holt, Rinehart and Winston, Inc. All rights reserved.

S.4 *Combine las oraciones con una preposición y **el que, la que, los que, las que, quien** o **quienes**.*

MODELO   Me hablaron de un nuevo antibiótico. El antibiótico cura muchas enfermedades. *El antibiótico ...*

    —> **El antibiótico del que me hablaron cura muchas enfermedades.**

1. Julia es la chica. Te hablé de Julia. *La chica ...*

_____

_____

2. Le puse una inyección a un chico. El chico era mi hijo. *El chico ...*

_____

_____

3. Te hablé de unas enfermedades. Las enfermedades son muy frecuentes en el trópico. *Las enfermedades ...*

_____

_____

4. Te hablé de un problema médico. El problema está resuelto. *El problema ...*

_____

_____

5. Trabajo con unas chicas. Las chicas son técnicas de laboratorio. *Las chicas ...*

_____

_____

6. Vi un anuncio. En el anuncio se hablaba de una nueva droga contra la hepatitis. *Vi un anuncio ...*

_____

_____

7. Te hablé de un compañero de clase. Tengo mucha confianza en él. *Te hablé ...*

_____

_____

8. Trabajo para un médico. El Dr. Avila es el médico. *El médico ...*

_____

_____

Copyright © 1992 by Holt, Rinehart and Winston, Inc. All rights reserved.

S.5 *(a) Combine las oraciones con **el cual, la cual, los cuales** o **las cuales**.*

MODELO   Vi una mesa vieja. Debajo de la mesa encontré una llave.
—>   **Vi una mesa vieja debajo de la cual encontré una llave.**

1. Había una mesa en el cuarto. Alrededor de la mesa había seis sillas.

_____

_____

2. Hicimos varios experimentos. Por medio de los experimentos descubrimos algunas cosas interesantes.

_____

_____

3. Entramos en una gran plaza. En medio de la plaza había una fuente.

_____

_____

4. El Dr. Ríos habló de unas enfermedades tropicales. No se sabía mucho acerca de las enfermedades.

_____

_____

5. Mi hijo se enfermó de una enfermedad rarísima. Había un solo remedio contra la enfermedad.

_____

_____

6. Tuvimos que limpiar el gabinete. En el fondo del gabinete encontramos un viejo microscopio.

_____

_____

        Copyright © 1992 by Holt, Rinehart and Winston, Inc. All rights reserved.

Nombre: _____ Clase: _____ Fecha: _____

(b) Escriba una reacción lógica a los eventos usando lo cual.

EJEMPLO   Me van a operar mañana. —> **Me van a operar mañana, lo cual me da miedo.**

1. Saqué una A en el último examen. _____
_____

2. El gobierno va a aumentar los impuestos. _____
_____

3. El costo médico está subiendo todos los días. _____
_____

4. No se permite que los menores de edad compren alcohol. _____
_____

(c) Combine las oraciones usando cuyo, cuya, cuyos o cuyas.

MODELO   El chico quiere estudiar medicina. Su madre es psiquiatra.
   —>   **El chico, cuya madre es psiquiatra, quiere estudiar medicina.**

1. La casa pertenece a mi mejor amigo. Su techo es rojo. _____
_____

2. El coche es casi nuevo. Su motor no funciona. _____
_____

3. Javier está muy orgulloso. Su esposa acaba de tener un hijo. _____
_____

4. La chica sacó honores. Sus padres están en la primera fila. _____
_____

5. El médico me dio la receta. Su consultorio está cerca de mi casa. _____
_____

6. Las compañías farmacéuticas ganan bien. Sus medicinas se usan mucho._____
_____

Copyright © 1992 by Holt, Rinehart and Winston, Inc. All rights reserved.

Cuaderno de laboratorio

Preface

The language laboratory program accompanying *Español en Español* offers you an opportunity to practice and develop your language skills on your own, at your own speed and on your own time. If your laboratory operates on a library system, you may check out tapes and listen to them on your own equipment. Using your own equipment, however, will not allow you to record and hear yourself as readily as using the laboratory system. As in the *Cuaderno de ejercicios*, all exercises are identified by section numbers matched to grammar sections in the textbook.

Since the laboratory program is conceived as a supplement to the textbook, you will probably get more out of the taped exercises if you do them after studying the corresponding material in the textbook. Each grammar exercise begins with a *modelo* which you can both hear on the tape and read in this manual. In the *modelo* you will hear a cue and a response that will give you the pattern for each item in the exercise. After each cue, you will have time to respond. You will then hear a correct response on the recording, after which you will have a chance to repeat or change your answer. Be sure to compare your response to that on the tape. If you need to see the tapescript, your teacher can request a copy from the publisher and make it available to you. Please feel free to repeat exercises as often as you like. It is generally best to go to the laboratory for several short sessions per chapter.

Please remember that the laboratory program was designed to allow you to adapt *Español en español* to your particular needs. You should, therefore, experiment with the laboratory program to see how you can make it work best for you.

Copyright © 1992 by Holt, Rinehart and Winston, Inc. All rights reserved.

Lección preliminar
Primer encuentro

I.   SALUDOS

A.   Two friends meet in the street. Listen to their conversation.

B.   Now, listen to the conversation and repeat each sentence as you hear it.

II.   LOS NÚMEROS DEL UNO AL DIEZ

A.   Repeat the following numbers as you hear them.

0 1 2 3 4 5 6 7 8 9 10

B.   Read the following telephone numbers in Spanish. Then compare your answers with those on the recording.

a. 432-1052   d. 923-4581   g. 426-1818
b. 562-4150   e. 826-2137   h. 534-9684
c. 837-7796   f. 624-3188   i. 203-8250

III.   EL ALFABETO

A. Repeat the Spanish alphabet as you hear it. Please begin.

a	h	ñ	u
b	i	o	v
c	j	p	w
ch	k	q	x
d	l	r	y
e	ll	rr	z
f	m	s	é
g	n	t	ú

Copyright © 1992 by Holt, Rinehart and Winston, Inc. All rights reserved.

B.   Say and spell the first names of the following people, then compare your answers with those on the recording. Follow the model.

MODELO   Javier
                  Javier.   J-a-v-i-e-r

Paco	Jaime	Raúl
Ana	Beatriz	José
Miguel	Francisco	María

IV.   MAKING FRIENDS

A.   Listen to the conversation.

B.   Now listen to the conversation, and repeat each sentence as you hear it.

Copyright © 1992 by Holt, Rinehart and Winston, Inc. All rights reserved.

Capítulo uno
La clase de español

I. PRONUNCIACIÓN: Las vocales

A.　Spanish has only five vowels. Repeat them as you hear them.

　　　a　e　i　o　u

B.　Now pay close attention to each of these vowels as you repeat them in a context.

a　la casa de Paca

e　el bebé de Pepe

i　la tiza de Cristina

o　once coches y dos cocos

u　un uso de una luz

C.　In spoken Spanish, all words are elided; that is to say, Spanish speakers do not usually pause between words. Repeat the following sentences as you hear them, and try to connect all of the words. Please begin.

Tengo el ejercicio para hoy.　　Es un pupitre.

Tienes una obligación.　　Es una camisa.

La profesora tiene una explicación.　　Es un papel.

José es un adulto y un hombre.　　Es una puerta.

II. GRAMÁTICA

1.1　Ejercicio A. *Haga una oración con* **otro** *o con* **otra.**.

MODELO　　Es una mesa.
Es otra mesa.

Copyright © 1992 by Holt, Rinehart and Winston, Inc. All rights reserved.

Ejercicio B. *Responda a la pregunta en negativo.*

MODELO   ¿Es un libro? (cuaderno)
                   No, no es un libro; es un cuaderno.

1.2   *Complete las oraciones con **tengo, tienes** o **tiene***

MODELO   Pablo / un cuaderno
                   Pablo tiene un cuaderno.

1.3   *Invente oraciones con **el** o **la** y **de**.*

MODELO   Es un libro. / Carlos
                   Es el libro de Carlos.

1.4   *Invente oraciones con **el** o **la** y **del, de la** o **de**.*

MODELO   Es una bolsa. / la Srta. López
                   Es la bolsa de la Srta. López.

1.5   **Ejercicio A.** *Estudie el dibujo. Complete las oraciones.*

MODELO   La mochila está debajo de...
                   La mochila está debajo de la mesa.

Ejercicio B. *Estudie el dibujo. Describa la relación entre los elementos.*

MODELO   La profesora / la mesa
                   La profesora está detrás de la mesa.

             Copyright © 1992 by Holt, Rinehart and Winston, Inc. All rights reserved.

III. VOCABULARIO

Estudie el dibujo. Responda a las preguntas.

MODELO   ¿Qué es el número uno?
               Es un lápiz.

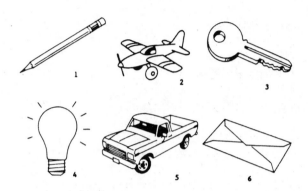

IV. COMPRENSIÓN AUDITIVA

Estudie el dibujo . Indique si las oraciónes son verdaderas o falsas.

1. v f   3. v f   5. v f
2. v f   4. v f   6. v f

V.   DICTADO

Escriba las oraciones. Cada oración se dice dos veces.

1._____

_____

2._____

_____

3._____

_____

4._____

_____

5._____

_____

Copyright © 1992 by Holt, Rinehart and Winston, Inc. All rights reserved.

Capítulo dos
Los amigos

I. PRONUNCIACIÓN: Los diptongos y las vocales en combinación

A. In Spanish, **a**, **e** and **o** are strong vowels; **i** and **u** are weak vowels. This can be easily remembered with the maxim, "**U** and **I** are weak." A strong vowel combined with a weak vowel is called a diphthong, or **diptongo** in Spanish. Repeat the following diphthongs as you hear them.

ai	Jaime	Jaime es de Jamaica.
au	autor	Mauricio es autor.
ei	seis	Tengo seis peines.
eu	Europa	Eusebio es europeo.
oi	estoico	Hoy estoy estoico.
ia	piano	el piano de Cecilia
ie	Diego	Diego está bien.
io	patio	Mario está en medio.
iu	viuda	la viuda y la ciudad
ua	cuatro	cuarenta peruanos
ue	puerta	la puerta de Manuela
ui	Luisa	Luisa es de Suiza.
uo	cuota	una cuota virtuosa

B. Two strong vowels in combination or a strong vowel combined with an accented weak vowel form two separate syllables. Repeat the following words as you hear them:

Beatriz	María	permeado
compañía	museo	poeta
Leo	océano	Raúl
Leonora	país	teatro

II. GRAMÁTICA

2.1 *Haga una nueva oración con el sujeto indicado.*

MODELO   David está a la derecha de Sara. / yo
Yo estoy a la derecha de Sara.

2.2 *Conteste las preguntas.*

MODELO   Carlos está enfermo. ¿Y Susana?
Susana está enferma también.

Copyright © 1992 by Holt, Rinehart and Winston, Inc. All rights reserved.

2.3   **Ejercicio A.** *Estudie el dibujo y conteste las preguntas.*

MODELO   ¿Quién es moreno?
             Mario es moreno.

Mario   Ana   Felipe   Marisa   Raúl

Ejercicio B. *Haga una nueva oración con el sujeto indicado.*

MODELO   Patricia es alta. / Juan
             Juan es alto.

Ejercicio C. *Complete las oraciones con* **estoy, estás, está, soy, eres** *o* **es**.

MODELO   Miguel / triste
             Miguel está triste.

2.4   **Ejercicio A.** *Conteste las preguntas con la respuesta más lógica.*

MODELO   Jerry Falwell / católico o protestante
             Jerry Falwell es protestante.

Ejercicio B. *Haga una nueva oración según las indicaciones.*

MODELO   Javier es mexicano. / Irma
             Irma es mexicana también.

2.5   *Ponga las oraciones en plural.*

MODELO   El abrigo es azul.
             Los abrigos son azules.

              Copyright © 1992 by Holt, Rinehart and Winston, Inc. All rights reserved.

2.6 **Ejercicio A.** *Complete las oraciones con la palabra más lógica.*

MODELO   El reloj / oro o algodón
El reloj es de oro.

Ejercicio B. *Invente una pregunta con de qué, de quién o de dónde para las respuestas.*

MODELO   Miguel es de Buenos Aires.
¿De dónde es Miguel?

III. VOCABULARIO

Ejercicio A. *Estudie el dibujo en la sección 2.3. Complete las oraciones con la frase más lógica.*

MODELO   Ana / feliz o triste
Ana está triste.

Ejercicio B. *Estudie el dibujo en la sección 2.3. Complete las oraciones con la frase más lógica.*

MODELO   Mario / fuerte o débil.
Mario es fuerte.

IV. COMPRENSIÓN AUDITIVA

Escuche el párrafo.

Ahora, escuche el mismo párrafo por partes y seleccione la respuesta correcta. Vamos a comenzar.

1.   a. Es de los Estados Unidos.
b. Es de Miami.
c. Es de Lima, Ohio.
d. Es del Perú.

2.   a. Tiene dieciocho años.
b. Tiene diecinueve años.
c. Tiene veinte años.
d. Tiene diecisiete años.

3.   a. Es rubia y alta.
b. Es morena y baja.
c. Es alta y morena.
d. Es alta y gorda.

Copyright © 1992 by Holt, Rinehart and Winston, Inc. All rights reserved.

4.   a. Es abogado.
         b. Es ingeniero.
         c. Es psicólogo.
         d. Es católico.

5.   a. Está en Lima, Perú.
         b. Está en los Estados Unidos.
         c. Está en la clase de español.
         d. Está con la familia de Gumersinda.

6.   a. Tiene tres hijos.
         b. Tiene cuatro hijos.
         c. No tiene hijos.
         d. Tiene dos hijos.

7.   a. Es el hermano de Mimí.
         b. Es el padre de la familia norteamericana.
         c. Es uno de los hijos de la familia norteamericana.
         d. Es un amigo de Lima.

8.   a. liberal
         b. atea
         c. conservadora
         d. radical

9.   a. liberal
         b. bajo
         c. feo
         d. joven

V. DICTADO

Escriba las oraciones. Cada oración se dice dos veces.

1. _____

_____

2. _____

_____

3. _____

_____

4. _____

_____

5. _____

_____

Copyright © 1992 by Holt, Rinehart and Winston, Inc. All rights reserved.

Capítulo tres
La vida estudiantil

I. PRONUNCIACIÓN: s, t, y k

A. With few and largely insignificant exceptions, the letter **s** in Spanish is always pronounced like the double s in "possible." For our purposes, it is never pronounced like an English **z** or an English **sh**. Repeat the following words as you hear them. Make sure that every **s** sounds like the double s in "possible."

posible	libros	expresión	Rosa	niños	ilusión
lesión	confusión	presidente	Isabel	Susana	esposo
presente	visión	sesión	discusión	desilusión	misión

B. In all of Spanish America, **z** and **c** followed by **e** or **i** are also pronounced like the double s in "possible." In parts of Spain these letters and combinations are pronounced like the **th** in "thin." The speakers you hear on the tape are from Spanish America. Notice that the **z** in Spanish is never pronounced like the **z** in English. Please repeat the following words as you hear them.

cerrado	ciencia	ceremonia	gracias
cero	cinco	excelente	situación
francés	difícil	cerca	emoción
concepto	fácil	decisión	negación
vez	luz	lápiz	López
influenza	Venezuela	zona	pizarra

C. The Spanish **t** is different from the English **t** in two ways. First, the tip of the tongue is placed just behind the two front teeth; second, there is no puff of air (also called an aspiration) between **t** and the rest of the word. Repeat the following words as you hear them.

hasta	estudiante	patio	piñata
techo	pregunta	bestial	celestial
qué tal	respuesta	cuestión	tiza

Copyright © 1992 by Holt, Rinehart and Winston, Inc. All rights reserved.

II. GRAMÁTICA

3.1   **Ejercicio A.** *Haga una nueva oración con el sujeto indicado.*

MODELO   Pedro está enfermo. / Pedro y Luis
Pedro y Luis están enfermos.

Ejercicio B. *Conteste las preguntas en negativo. Omita el sujeto.*

MODELO   ¿Es Ud. profesor?
No, no soy profesor.

3.2   **Ejercicio A.** *Haga una nueva oración con el sujeto indicado.*

MODELO   Juan tiene tres camisas. / nosotros
Nosotros tenemos tres camisas.

Ejercicio B. *Conteste las preguntas en negativo. Omita el sujeto.*

MODELO   ¿Tienen Uds. un avión?
No, no tenemos un avión.

3.3   *Ponga las oraciones en plural.*

MODELO   Mi bicicleta es buena.
Mis bicicletas son buenas.

3.4   *Conteste las preguntas con la respuesta más lógica.*

MODELO   ¿Tu clase de química? ¿Muy fácil o poco fácil?
Mi clase de química es poco fácil.

3.5   **Ejercicio A.** *Haga un comparación con una forma de ser y más ...que.*

MODELO   El español / complicado / el inglés
El español es más complicado que el inglés.

Ejercicio B. *Haga una comparación con una forma de ser y **mejor, mejores, peor
o peores**.*

MODELO   Mi coche / bueno / tu coche
Mi coche es mejor que tu coche.

Ejercicio C. *Haga una comparación de igualdad.*

MODELO   yo / inteligente / mi hermano
Yo soy tan inteligente como mi hermano.

236   Copyright © 1992 by Holt, Rinehart and Winston, Inc. All rights reserved.

3.6   **Ejercicio A.** *Conteste las preguntas según las indicaciones.*

1. 10:30 A.M.
2. 12:50 P.M.
3. 11:15 P.M.
4.   2:30 P.M.
5.   1.10 P.M.

Ejercicio B. *Conteste las preguntas según las indicaciones.*

MODELO   ¿A qué hora es tu clase de biología? / 9:15 A.M.
              Mi clase de biología es a las nueve y cuarto de la mañana.

1.   4:00 P.M.
2.   6:30 P.M.
3. 12:00 A.M.
4. 11:10 A.M.
5.   8:15 P.M.

3.7   **Ejercicio A.** *Estudie el dibujo . Complete las oraciones.*

MODELO   El chico que está sano ...
              El chico que está sano se llama Mario.

Mario   Ana   Felipe   Marisa   Raúl

Ejercicio B. *Reporte las oraciones de la gente usando* **dice que** *o* **dicen que***.*

MODELO   Laura: --Mi hermano tiene dieciocho años.
              Laura dice que su hermano tiene dieciocho años.

Copyright © 1992 by Holt, Rinehart and Winston, Inc. All rights reserved.

III. VOCABULARIO

Conteste las preguntas según las indicaciones.

1.   a. gris
      b. azul
      c. zapato
      d. verde

2.   a. un pantalón
      b. un zapato
      c. una media
      d. un vestido

3.   a. un traje
      b. una chaqueta
      c. una corbata
      d. una camisa de seda

4.   a. nota
      b. río
      c. ciudad
      d. mundo

5.   a. la lana
      b. la química
      c. el álgebra
      d. la psicología

IV. COMPRENSIÓN AUDITIVA

Escuche la conversación entre Teresa y Mario.

Ahora, escuche la conversación por partes, y seleccione la respuesta correcta.

1.   a. porque su clase de música es muy difícil
      b. porque tiene un examen en su clase de biología
      c. porque tiene un curso de química que es muy difícil
      d. porque sus amigos están preocupados

2.   a. Es un compañero de la clase de química.
      b. Es el muchacho más guapo de la universidad
      c. Está en la clase de química pero no es un amigo.
      d. Es un amigo que no está en la clase de química.

3.   a. Tiene un examen en su clase de química.
      b. Tiene un examen en su clase de biología.
      c. No tiene un examen.
      d. Tiene un examen en todas sus clases.

Copyright © 1992 by Holt, Rinehart and Winston, Inc. All rights reserved.

4. a. Están tranquilos.
   b. Están preocupados.
   c. Están sucios.
   d. Están sanos y contentos.

5. a. porque está tan preparado como sus amigos.
   b. porque Mario tiene una amiga que se llama Gumersinda.
   c. porque está menos preparada que sus compañeros.
   d. porque el examen es hoy.

6. a. Es hoy a las dos de la tarde.
   b. Es mañana por la noche.
   c. Es mañana a las dos de la tarde.
   d. Es mañana por la mañana.

V. DICTADO

Escriba las oraciones.

1. _____

_____

2. _____

_____

3. _____

_____

4. _____

_____

5. _____

_____

Copyright © 1992 by Holt, Rinehart and Winston, Inc. All rights reserved.

Capítulo cuatro
Actividades y espectáculos

I. PRONUNCIACIÓN: d

A.   The Spanish d is pronounced in two different ways, depending on what sounds precede it. The first pronunciation is called the stop d or *la d oclusiva*. To pronounce a stop d, place the tip of your tongue against your front teeth and say d just as you would in English; notice that this tongue position is different from that of the English d in which the tip of the tongue is farther back in the mouth. The stop d occurs in Spanish at the beginning of an utterance, after a pause, or after the letters l and n. Repeat the following sentences; making sure your tongue is in the right position for the Spanish stop d:

¿De quién es la falda amarilla?   La falda es de Yolanda Meléndez.
Daniel tiene un diez en su examen.   El día está lindo.

B.   The second pronunciation of d in Spanish is a fricative d or *la d fricativa*. The fricative d is pronounced just like the stop d except for one crucial difference: to produce a fricative d, the tip of the tongue does not stop the flow of air between the tongue and the front teeth. Rather, the tongue is held close enough to the front teeth to restrict the passage of air, but without stopping it altogether. The fricative d sounds somewhat like the th in "mother"; the two sounds, however, are not produced in the same way. The fricative d is much more frequent than the stop d since the stop d occurs only at the beginning of an utterance or after an l or n. Failure to pronounce the fricative d well causes a very noticeable and irritating accent that can interfere with communication. All d's in the following sentences are fricative; please repeat them as you hear them.

Soy de los Estados Unidos.   Adriana es de Madrid.
Tengo diez cuadernos verdes.   Mi vida es demasiado complicada.

C.   Now repeat the following sentences in which you will hear both stop and fricative d's. Remember that the stop d occurs only at the beginning of an utterance, or after an l or n; all other the d's are fricative. Please begin.

¿De dónde es Alfredo?   Alfredo es del estado de Colorado.
¿Dónde están Yolanda y Diego?   Están al lado del edificio verde.

¿Cuándo es tu cita con el médico?
Mi cita con el médico es a las dos de la tarde el doce de diciembre.
¿Es Estados Unidos más grande que el Ecuador?
Sí, Estados Unidos es mucho más grande que el Ecuador.
¿Es verdad que el español es difícil?
No, no es verdad; estudiar español es una gran oportunidad.

Copyright © 1992 by Holt, Rinehart and Winston, Inc. All rights reserved.

II. GRAMÁTICA

4.1   **Ejercicio A.** *Haga una oración según las indicaciones.*

    MODELO   mi madre / trabajar en una oficina
                              Mi madre trabaja en una oficina.

    Ejercicio B. *Conteste las preguntas en negativo. Omita el sujeto en la respuesta.*

    MODELO   ¿Fuman los estudiantes en la clase de español?
                              No. no fuman en la clase de español.

4.2   *Complete las oraciones con la respuesta más lógica.*

    MODELO   Los chicos están en la playa / los lunes o los sábados
                              Los chicos están en la playa los sábados.

4.3   *Termine las oraciones con el adverbio indicado.*

    MODELO   Miguel es un chico cortés. Saluda ...
                              Saluda cortésmente.

4.4   *Ponga las oraciones en plural.*

    MODELO   Este ejercicio es muy fácil.
                              Estos ejercicios son muy fáciles.

4.5   **Ejercicio A.** *Conteste las preguntas con la respuesta más lógica.*

    MODELO   ¿Qué hay en el jardín? / flores o camisas
                              Hay flores en el jardín.

    Ejercicio B. *Haga una oración con **hay. está** o **están**.*

    MODELOS   un profesor / en el auditorio
                              Hay un profesor en el auditorio.

                             mi profesor / en el auditorio
                             Mi profesor está en el auditorio.

Copyright © 1992 by Holt, Rinehart and Winston, Inc. All rights reserved.

4.6   *Lea las expresiones en su manual.*

MODELO   250 dólares
Doscientos cincuenta dólares.

1. 31 páginas
2. 541 libros
3. 10.000.000 pesos

4. 710 alumnas
5. 951 graduados
6. 2.579 años

7. 1.291 pesetas
8. 759.380 dólares

4.7   *Conteste las preguntas según las indicaciones en su manual.*

MODELO   ¿Cuál es la fecha de hoy?
Es el trece de noviembre.

1. 14/II
2. 25/XII
3. 24/XI

4. 4/VII
5. 30/V
6. 1/I

7. 1/IX
8. 15/VIII

III. VOCABULARIO

Conteste las preguntas según las indicaciones.

1. a. la primavera
    b. el otoño
    c. diciembre
    d. el verano

2. a. lunes
    b. domingo
    c. sábado
    d. julio

3. a. trabajar
    b. bailar
    c. cantar
    d. charlar

4. a. febrero
    b. enero
    c. junio
    d. diciembre

5. a. la playa
    b. la colina
    c. el mar
    d. el lago

Copyright © 1992 by Holt, Rinehart and Winston, Inc. All rights reserved.

IV. COMPRENSIÓN AUDITIVA

Escuche la selección.

Ahora, escuche la selección por partes e indique si las oraciones son verdaderas o falsas.

1. v f   5. v f   8. v f
2. v f   6. v f   9. v f
3. v f   7. v f   10. v f
4. v f

V. DICTADO

Escriba las oraciones. Cada oración se dice dos veces.

1._____

_____

2._____

_____

3._____

_____

4._____

_____

5._____

_____

Copyright © 1992 by Holt, Rinehart and Winston, Inc. All rights reserved.

Capítulo cinco
¡Vamos a comer!

I. PRONUNCIACIÓN: b y v

A. In Spanish the letters b and v follow the same pronunciation patterns. Each of these letters has two possible pronunciations, depending on the sounds that precede it. The first pronunciation is the stop b, or la b oclusiva. The stop b is identical to the b sound in English. It occurs at the beginning of an utterance or after the letters m and n. (N, incidently, is pronounced like an m before the letters b and v.) In the following words and sentences, all instances of these letters are stop b's; that is, they are identical to the English b. As you repeat them, remember that b and v are identical in pronunciation. Please begin.

Venezuela es un país próspero.   conversación
Venimos más tarde.   invierno
¿Vienes conmigo?   en vano
¿Vas tú a la fiesta?   invitación
Víctor es un buen amigo.   un vaso

B. When b and v do not occur after m or n or at the beginning of an utterance, they are pronounced as a fricative b, or *la b fricativa*. The fricative b is pronounced like the English b, but with one crucial difference: the lips do not completely touch, thus allowing some air to pass between them. In Spanish, b and v are usually fricative; failure to pronounce the fricative b generates a very noticeable accent. In the following sentences, all instances of b and v are fricative. Please begin.

Yo voy al centro el viernes.   Sebastián debe trabajar.
Los libros están abiertos.   Yo bebo vino bueno.
 Abel viene a beber vino.   El pueblo de Beatriz está cerca.

C. In the following sentences you will find both stop and fricative b's and v's. Repeat the sentences as you hear them:

¿Viene Beatriz a la boda?   No, no viene; está con su abuela.
¿Tenéis una invitación al baile?   Sí, pero no vamos a bailar.
¿Adónde vas con tu abuelo?   Vamos a Sevilla para ver al barbero.
¿Bebe mucho Víctor?   No, bebe poco, pero bebe más que yo.

Copyright © 1992 by Holt, Rinehart and Winston, Inc. All rights reserved.

II . GRAMÁTICA

5.1   **Ejercicio A.** *Haga una oración con el sujeto indicado.*

MODELO   ellos / comer en un restaurante mexicano
Ellos comen en un restaurante mexicano.

Ejercicio B. *Responda a las preguntas en negativo. Omita el sujeto en la respuesta.*

MODELO   ¿Beben Uds. café con cerveza?
No, no bebemos café con cerveza.

5.2   **Ejercicio A.** *Responda a las preguntas en afirmativo. Omita el sujeto en la respuesta.*

MODELO   ¿Pones el tenedor al lado del plato?
Sí, pongo el tenedor al lado del plato.

Ejercicio B. *Conteste las preguntas en negativo. Omita el sujeto en la respuesta.*

MODELO   ¿Comes papas con helado?
No, no como papas con helado.

5.3   **Ejercicio A.** *Conteste las preguntas en negativo. Omita el sujeto en la respuesta.*

MODELO   ¿Vas a la playa hoy?
No, no voy a la playa hoy.

Ejercicio B. *Describa cómo la gente viene a clase.*

MODELO   Miguel / en bicicleta
Miguel viene a clase en bicicleta.

5.4   *Termine las oraciones con la opción más lógica a continuación.*

MODELO   Vamos al parque para ... (practicar al fútbol)
Vamos al parque para practicar al fútbol.

1.   a. comer más helado
        b. correr todos los días
        c. beber más cerveza
        d. usar ropa elegante

2.   a. ir al teatro
        b. beber más leche
        c. sacar buenas notas
        d. comprar pan, carne y lechuga

          Copyright © 1992 by Holt, Rinehart and Winston, Inc. All rights reserved.

3. a. practicar al fútbol
    b. estudiar todas las noches
    c. tomar mucha cerveza
    d. conversar con Gumersinda y Don Tremendón

4. a. hablar ruso
    b. manejar camiones
    c. cocinar bien
    d. leer en voz alta

5. a. estudiar matemáticas
    b. nadar
    c. comer hamburguesas y papas fritas
    d. ver una película española

5.5 *Complete las oraciones con **hace, está** o **hay**.*

    MODELO   Hoy / mucho viento
                     Hoy hace mucho viento.

5.6 **Ejercicio A.** *Conteste las preguntas con una preposición.*

    MODELO   ¿Es la ensalada para mí?
                     Sí, es para ti.

    Ejercicio B. *Conteste las preguntas en afirmativo.*

    MODELO   ¿Va Javier contigo?
                     Sí, va conmigo.

5.7 *Ponga las oraciones en futuro con **ir a + infinitivo**.*

    MODELO   Mi hermana es abogada.
                     Mi hermana va a ser abogada.

III. VOCABULARIO

Conteste las preguntas. Use la opción más lógica.

1. a. lechuga
    b. tomate
    c. té con limón
    d. queso

2. a. el pan
    b. la carne
    c. el jugo de tomate
    d. la lechuga

Copyright © 1992 by Holt, Rinehart and Winston, Inc. All rights reserved.

3. a. el té
   b. el jugo de naranja
   c. el café
   d. la cerveza

4. a. el pescado
   b. la fruta
   c. el helado
   d. la torta

5. a. la crema
   b. el queso
   c. el pollo frito
   d. el helado

IV.   COMPRENSIÓN AUDITIVA.

Escuche el párrafo entero. Vamos a comenzar.

Ahora escuche el párrafo por partes e indique si las oraciones son verdaderas o falsas.

1. v f   4. v f   7. v f
2. v f   5. v f   8. v f
3. v f   6. v f   9. v f

V.   DICTADO

Escriba las oraciones. Cada oración se dice dos veces.

1._____

_____

2._____

_____

3._____

_____

4._____

_____

5._____

_____

248   Copyright © 1992 by Holt, Rinehart and Winston, Inc. All rights reserved.

Capítulo seis
Las diversiones

I. PRONUNCIACIÓN: j, gi y ge

A. The sound indicated by the letter j and g in combination with e or i (ge and gi) does not exist in English. Nonetheless, this sound is quite easy for English speakers to produce. To pronounce the Spanish j say the English word "key" several times. Repeat please: key, key, key. Notice where your tongue touches the roof of your mouth to pronounce the k. Now say the same word, but do not let your tongue quite touch the roof of your mouth; please repeat ji ji

ji. You may want to think of the Spanish j sound as a fricative k; that is to say, it is similar to the k sound, but the tongue merely restricts the passage of air without stopping it altogether.

B. Please repeat the following words as you hear them. Pay close attention to the pronunciation of j, ge and gi. Please begin.

ajedrez	jugar	jefe	gimnasio	ángel	José
juego	pájaro	genealogía	ji, ji, ji	ja, ja	JuanJo
gente	geología	jai alai	Juana	jugo	general

II. GRAMÁTICA

6.1 **Ejercicio A.** *Haga una oración con los elementos indicados.*

MODELO   tú / vivir cerca de mí.
Tú vives cerca de mí.

Ejercicio B. *Conteste las preguntas en afirmativo. Omita el sujeto en la respuesta.*

MODELO   ¿Escriben Uds. las respuestas en la pizarra?
Sí, escribimos las respuestas en la pizarra.

6.2 **Ejercicio A.** *Haga una nueva oración con el sujeto indicado.*

MODELO   Miguel recuerda el poema. / yo
Yo recuerdo el poema.

Ejercicio B. *Conteste las preguntas en negativo. Omita el sujeto en la respuesta.*

MODELO   ¿Vuelves temprano mañana?
No. no vuelvo temprano mañana.

Copyright © 1992 by Holt, Rinehart and Winston, Inc. All rights reserved.

6.3   **Ejercicio A.** *Complete las oraciones con* **juego, toco** *o* **pongo**.

MODELOS   al fútbol
          Juego al fútbol.

          el tocadiscos
          Pongo el tocadiscos.

Ejercicio B. *Complete las oraciones con el verbo correcto.*

MODELOS   Marisa / al baloncesto
          Marisa juega al baloncesto.

          Nosotros / el piano
          Nosotros tocamos el piano.

6.4   *Cambie cada oración usando* **se** *para indicar que el sujeto es una persona (o un grupo de personas) no específica.*

MODELO   Todo el mundo habla español en México.
          Se habla español en México.

6.5   **Ejercicio A.** *Haga una oración con los elementos indicados.*

MODELO   las clases / comenzar a las ocho
          Las clases comienzan a las ocho.

Ejercicio B. *Conteste las preguntas en negativo. Omita el sujeto en la respuesta.*

MODELO   ¿Comienza la clase a las ocho?
          No, no comienza a las ocho.

6.6   **Ejercicio A.** *Responda a las preguntas en negativo. Use* **ningún** *o* **ninguna** *en la respuesta.*

MODELO   ¿Hay algunos errores en la oración?
          No, no hay ningún error en la oración.

Ejercicio B. *Conteste las preguntas en negativo. Use* **ninguno** *o* **ninguna** *en la respuestas.*

MODELO   ¿Viven allí algunos de tus amigos?
          No, ninguno de mis amigos vive allí.

   Copyright © 1992 by Holt, Rinehart and Winston, Inc. All rights reserved.

Ejercicio C. *Responda a las preguntas en negativo. Use **nada, nadie** o **nunca** en la respuesta.*

MODELO   ¿Siempre comes en la biblioteca?
No, no como nunca en la biblioteca.

Ejercicio D. *Ponga la expresión negativa después del verbo.*

MODELO   Nadie come en ese restaurante.
No come nadie en ese restaurante.

6.7   *Usted trabaja de acomodadora en un teatro. Siga las indicaciones del manual e indique dónde están las butacas de la gente.*

MODELO   4º / 6ª
Usted está en el cuarto asiento de la sexta fila.

1. 6º / 1ª   4. 5º / 2ª
2. 1er / 7ª   5. 10º / 9ª
3. 3er / 3era

III. VOCABULARIO

Ejercicio A. *Estudie el dibujo y conteste las preguntas.*

Ejercicio B. *Estudie el dibujo. Conteste las preguntas. Omita el sujeto en sus respuestas.*

Copyright © 1992 by Holt, Rinehart and Winston, Inc. All rights reserved.

IV. COMPRENSIÓN AUDITIVA.

Escuche la conversación.

Ahora, escuche la conversación por partes y conteste las preguntas según la información que está a continuación.

1. a. Miguel conversa con Francisco.
    b. Francisco conversa con Javier.
    c. Guillermo conversa con Francisco.
    d. Federico conversa con Guillermo.

2. a. porque siempre está emocionado.
    b. porque Guillermo es su mejor amigo.
    c. porque hay un partido de baloncesto esta noche.
    d. porque va a un partido de fútbol esta tarde.

3. a. de tenis
    b. de fútbol
    c. de béisbol
    d. de baloncesto

4. a. Se llama el Club Federal.
    b. Se llama el Club Liberal.
    c. Se llama el Club Municipal.
    d. Se llama el equipo nacional.

5. a. porque Francicso es aficionado al fútbol.
    b. porque el equipo de Francisco y su equipo son rivales.
    c. porque su equipo es un horror.
    d. porque quiere ir al estadio y está lloviendo.

6. a. Dice que son muy guapos.
    b. Dice que son más rápidos pero menos inteligentes que el otro equipo.
    c. Dice que son rápidos pero lentos.
    d. Dice que son menos lentos que el equipo de Guillermo.

7. a. Van a casa para ver un partido por televisión.
    b. Van al estadio para jugar al fútbol.
    c. Van al estadio, pero no van juntos.
    d. Quieren ver un partido de fútbol entre dos equipos rivales.

 Copyright © 1992 by Holt, Rinehart and Winston, Inc. All rights reserved.

V.　DICTADO

Escriba las oraciones. Cada oración se dice dos veces.

1._____

_____

2._____

_____

3._____

_____

4._____

_____

5._____

_____

Copyright © 1992 by Holt, Rinehart and Winston, Inc. All rights reserved.

Capítulo siete
La casa y sus actividades

I. **PRONUNCIACIÓN: r entre vocales y después de consonantes**

A. When the Spanish r occurs between vowels or after a consonant, it is pronounced as a single flap. This sound is virtually identical to the English sound of the dd in words like "muddy" and "paddy." Repeat the following words as you hear them; notice how your tongue produces the underlined consonants: mu<u>dd</u>y, pa<u>dd</u>y, fu<u>dd</u>y, du<u>dd</u>y. Now pronounce the following Spanish words and sentences; make sure that your tongue produces the <u>r</u> between vowels in these words the same way it produced the double dd in the English words. Also, be aware that if one word ends in an r and the next word begins with a vowel, the r is still between vowels. Please begin.

ahora   Aurelio quiere ir a la ópera

Ahora, Aurelio quiere ir a la ópera.

Queremos estudiar el vocabulario ahora

Queremos estudiar el vocabulario ahora.

B. When an r occurs after a consonant, it is pronounced as a single flap, exactly the same as an r between vowels. Please pronounce the following words as you hear them.

frío	tres	trece	cuatro
drama	entre	detrás	promesa
gracias	libro	creo	pronto
teatro	palabra	aprendo	crema

C. People with a strong English accent in Spanish frequently pronounce a d between vowels the way they should pronounce an r between vowels. Such pronunciation can cause misunderstanding. Repeat the following pairs of words as you hear them, paying close attention to the distinction between the d and the r. (You may want to review the rules for pronouncing d in *Capítulo cuatro* before doing this exercise.) Please begin.

cedo / cero	dudo / duro	mido / miro	moda / mora
seda / sera	todo / toro	todos / toros	oda / hora

Copyright © 1992 by Holt, Rinehart and Winston, Inc. All rights reserved.

II. GRAMÁTICA

7.1 **Ejercicio A.** *Reemplace los complementos directos con **lo, la, los** o **las**.*

MODELO   Miguel barre el piso.
            Miguel lo barre.

Ejercicio B. *Conteste las preguntas usando un complemento pronominal en la respuesta.*

MODELO   ¿Quién saca la basura? / Juan
            Juan la saca.

Ejercicio C. *Conteste las preguntas con un complemento pronominal en la respuesta. Ponga el complemento al final del infinitivo.*

MODELO   ¿Quieres traer la ensalada?
            Sí, quiero traerla.

7.2 *Complete las oraciones con la preposición correcta.*

MODELO   Sueño (con / en) mis amigos.
            Sueño con mis amigos.

1. Mi casa consiste (de / en) seis cuartos.
2. Miguel piensa (en / de) su novia.
3. Salimos (de / con) nuestro trabajo a las cinco.
4. Laura asiste (de / a) clase los lunes.
5. Los alumnos sueñan (de / con) las vacaciones de verano.

7.3 *Haga una oración con **veo** y el complemento indicado. Incluya una **a personal** si es necesario.*

MODELOS   Miguel
             Veo a Miguel.

             la montaña
             Veo la montaña.

7.4 **Ejercicio A.** *Cambie las oraciones usando los nuevos sujetos.*

MODELO   Miguel conoce Lima bien. / yo
            Yo conozco Lima bien.

                    Copyright © 1992 by Holt, Rinehart and Winston, Inc. All rights reserved.

Ejercicio B. *Complete las oraciones con **sé** o **conozco**.*

MODELOS   la capital de México.
                Conozco la capital de México.

                  el nombre de la capital de México.
                Sé el nombre de la capital de México.

7.5   **Ejercicio A.** *Conteste las preguntas en afirmativo. Use un complemento pronominal en la respuesta.*

MODELO   ¿Conoces a María?
               Sí, la conozco.

Ejercicio B. *Conteste las preguntas en afirmativo. Omita el sujeto en la respuesta.*

MODELO   ¿Te conoce Ana?
               Sí, me conoce.

7.6   **Ejercicio A.** *Complete las oraciones con el pronombre que corresponde a la frase de clarificación o de énfasis.*

MODELO   Sr. López, yo no ___ conozco a Ud.
               Sr. López, yo no lo conozco a Ud.

1. Miguel, ___ quiero mucho a ti.
2. Ana, ___ amo a ti; no ___ amo a ella.
3. Señorita, ¿puedo ayudar___ a usted?
4. Chicos, quiero ver___ a ustedes mañana.
5. Todo el mundo ___ adora a mí.

Ejercicio B. *Complete las oraciones con una frase de clarificación o de énfasis.*

MODELO   Sr. López, mi jefe quiere verlo __ .
               Sr. López, mi jefe quiere verlo a usted.

1. Olga nos mira _____.
2. Javier me quiere _____.
3. Señores, el jefe no puede verlos _____.
4. Ana, voy a llamarte _____.
5. Raúl, ahora no la quiero _____.

7.7   *Haga una oración según las indicaciones.*

MODELO   La casa / incluir dos baños
               La casa incluye dos baños.

Copyright © 1992 by Holt, Rinehart and Winston, Inc. All rights reserved.

III. VOCABULARIO

Ejercicio A. *Estudie el dibujo. Conteste las preguntas.*

Ejercicio B. *Estudie el dibujo. Conteste las preguntas. Omita el sujeto en su respuesta.*

Copyright © 1992 by Holt, Rinehart and Winston, Inc. All rights reserved.

IV. COMPRENSIÓN AUDITIVA: *Una conversación telefónica*

Escuche el diálogo entero.

Ahora, escuche la conversación por partes y seleccione la opción más lógica.

1. a. Ana conversa con María
    b. Marta conversa con María.
    c. Marta conversa con su hermana, Marisela.
    d. Marta conversa con Ana.

2. a. Tiene una nueva casa.
    b. Tiene una cocina bien organizada.
    c. Tiene un nuevo departamento.
    d. Tiene nuevos muebles para la sala.

3. a. Tiene tres dormitorios.
    b. Tiene un solo baño.
    c. No tiene comedor.
    d. Tiene dos baños y dos dormitorios.

4. a. Porque su nuevo departamento tiene dos dormitorios.
    b. Ana es una chica estupenda.
    c. Porque Ana y Marta son grandes amigas.
    d. Porque no puede pagar el alquiler sola.

5. a. Son 5.000 pesetas por año.
    b. No está incluida la calefacción.
    c. Incluye agua, calefacción, gas y luz.
    d. Es menos de 5.000 pesetas al mes.

6. a. que es demasiado
    b. que es bastante
    c. que es razonable
    d. que es un regalo

7. a. en una fiesta el próximo mes
    b. la semana que viene
    c. antes de la fiesta de la próxima semana
    d. después de hablar con Ana

8. a. porque Marta tiene que hablar con su compañera de cuarto
    b. porque Marta tiene que ir a su trabajo
    c. porque Ana espera una llamada
    d. porque María tiene que ir a su trabajo

Copyright © 1992 by Holt, Rinehart and Winston, Inc. All rights reserved.

V. DICTADO

Escriba las oraciones. Cada oración se dice dos veces.

1._____

_____

2._____

_____

3._____

_____

4._____

_____

5._____

_____

Copyright © 1992 by Holt, Rinehart and Winston, Inc. All rights reserved.

Capítulo ocho
El comercio y el trabajo

I. PRONUNCIACIÓN: n

A. The Spanish n is pronounced in several ways, depending on what sounds follow it. The most common pronunciation is just like that of the English n. There are, however, two common exceptions:

1. When n is followed by b, v, p, or m, it is pronounced like an m. Repeat the following words and phrases as you hear them. Please begin.

un beso	envuelve	un peso	inmoral	un banco
envidia	un pájaro	inmediato	es tan bueno	invitación
es tan poco	en marzo	Juan bebe	Juan viene	Juan puede

2. The second common exception is n when followed by a g sound, a k sound, a j sound or an ue sound. In such cases, n is pronounced like the English ng. Repeat the following words and phrases.

lengua	tanque	ángel	un huevo	inglés
ingeniero	en Huelva	un garaje	un coche	en general
con huevos	Juan galopa	Juan copia	Juan juega	Juan huele

B. The following sentences include three pronunciations of n: the n we commonly use in English; n pronounced as m and n pronounced as ng. As you repeat the following sentences, think of the rules you have learned, and pronounce each n accordingly. Please begin.

Gracián Gil es un joven tan bueno y tan guapo.
Un general es un jefe militar
En general, un buen vino tiene un precio inmoralmente alto.
Juan viene en coche con un primo de Julián García.
Si no tienen coche, pueden caminar conmigo.

II. GRAMÁTICA

8.1 **Ejercicio A.** *Haga una nueva oración con el verbo indicado.*

MODELO Juan toca la guitarra. / aprender
Juan aprende a tocar la guitarra.

Copyright © 1992 by Holt, Rinehart and Winston, Inc. All rights reserved.

Ejercicio B. *Haga una oración con los elementos dados. Algunas de las oraciones necesitan una partícula y otras no.*

MODELO   Los chicos tratan / depositar el cheque
Los chicos tratan de depositar el cheque.

8.2   *Haga otra oración con el nuevo sujeto.*

MODELO   Nosotros te pedimos ayuda. / yo
Yo te pido ayuda.

8.3   *Conteste las preguntas según las indicaciones.*

MODELO   ¿Quién va a ayudarte a sacar cuentas? / María
María va a ayudarme a sacar cuentas.

8.4   **Ejercicio A.** *Complete las oraciones con el pronombre que corresponde a las frases de clarificación y de énfasis.*

MODELO   El jefe / da un regalo a su secretaria
El jefe le da un regalo a su secretaria.

Ejercicio B. *Conteste las preguntas según las indicaciones.*

MODELO   ¿Qué le regala Julián a Silvia? / un reloj
Le regala un reloj.

8.5   **Ejercicio A.** *Complete las oraciones con **tener + calor, frío, sueño, sed, miedo, razón, prisa, éxito** o **suerte**.*

Ejercicio B. *Complete las oraciones con **dar** y su reacción más lógica.*

MODELO   Los vampiros / miedo o suerte
Los vampiros me dan miedo.

8.6   *Cambie las oraciones al presente progresivo.*

MODELO   Miguel prepara la cena.
Miguel está preparando la cena.

8.7   **Ejercicio A.** *Complete las oraciones que se encuentran en el manual con **por** o **para**.*

1. Te vendo el libro _____ veinte dólares.
2. Este regalo es _____ mi papá.
3. Trabajo _____ la universidad.
4. Estudiamos _____ el examen de mañana.
5. Tengo algo _____ ti.
6. Una tarjeta de crédito sirve _____ pagar cuando uno no lleva dinero.
7. Vamos a estar en Europa _____ tres meses.
8. Te doy quince dólares _____ ese sombrero.

Copyright © 1992 by Holt, Rinehart and Winston, Inc. All rights reserved.

III. VOCABULARIO

Ejercicio A. *Seleccione la respuesta correcta .*

1.
    a. sacar copias
    b. atender a los clientes
    c. escribir a máqina
    d. reír constantemente

2.
    a. el librero
    b. la cuenta
    c. el cheque
    d. el depósito

3.
    a. la peluquería
    b. la dueña
    c. la empresa
    d. la panadería

4.
    a. seguir
    b. vender
    c. mostrar
    d. servir

5.
    a. la farmacéutica
    b. el dependiente
    c. el paquete
    d. la banquera

Ejercicio B. *Seleccione las mejores explicaciones para la conducta de las personas.*

1.
    a. tiene ganas de perder su trabajo.
    b. tiene prisa por llegar al partido.
    c. quiere un ascenso
    d. el jefe nunca ríe suficientemente

2.
    a. tiene una queja contra su supervisor.
    b. quiere flores para su cumpleaños.
    c. el gerente no es nada guapo.
    d. necesita un Ferrari.

3.
    a. tiene ganas de conseguir una computadora.
    b. mañana es el Día de la Madre.
    c. su supervisor tiene alergia a las flores.
    d. necesita sacar copias de un documento importante.

Copyright © 1992 by Holt, Rinehart and Winston, Inc. All rights reserved.

4.   a. tiene que conseguir un aumento.
           b. tiene ganas de mandarle una carta a su jefe.
           c. quiere un reembolso por un producto defectuoso.
           d. va a cambiar un cheque.

5.   a. vender la empresa.
           b. anunciar un nuevo programa de beneficios.
           c. entregar la mercancía a los clientes.
           d. reembolsarles sus impuestos.

IV.   COMPRENSIÓN AUDITIVA

Escuche la conversación telefónica.

Ahora, escuche la conversación por partes e indique si las oraciones son verdaderas o falsas.

1. v f	4. v f	7. v f	10. v f
2. v f	5. v f	8. v f	11. v f
3. v f	6. v f	9. v f	12. v f

V.   DICTADO

Escriba las oraciones. Cada oración se dice dos veces.

1. _____

_____

2. _____

_____

3. _____

_____

4. _____

_____

5. _____

_____

Copyright © 1992 by Holt, Rinehart and Winston, Inc. All rights reserved.

Capítulo nueve
De vacaciones y de compras

I.   PRONUNCIACIÓN: [r] y [rr]

A.   You already know that r between vowels and after consonants is pronounced as a single flap (*Capítulo Siete*). When r occurs at the beginning of a word, however, it is pronounced as a multiple flap or trill. Repeat the following words and sentences as you hear them. Make sure that each r, since it begins a word, is a multiple flap or trill.

rama	reina	ron
rico	renta	rumba
repita	rojo	ruso

Repito que no reconozco a Ronaldo.
Ese ron es muy rico.
La rica Raimunda parece una reina.
Mi rival es repugnante, repelente, y repulsivo.

B.   The multiple-flap r is also indicated by the letter rr. Pronounce the following words as you hear them.

pizarra	borro	barrio	ocurre	carro
gorro	perro	ahorra	barro	hierro

C.   It is very important to distinguish between the single-flap and the multiple-flap r; failure to to so can cause misunderstanding. Compare the following pairs of words as you repeat them.

pero	foro	fiero	coro
perro	forro	fierro	corro

caro	vara	ahora	cero
carro	barra	ahorra	cerro

D.   When r occurs before a consonant, either a single-flap or a multiple- flap is acceptable. Repeat the following words and phrases as you hear them.

carta	parque	largo	hablar con
gordo	Argentina	miércoles	ir pronto
cerca	tarde	parte	estudiar más
verdad	viernes	cuerpo	venir tarde

Copyright © 1992 by Holt, Rinehart and Winston, Inc. All rights reserved.

II. GRAMÁTICA

9.1 *Complete las oraciones con la forma correcta de* **pedir** *o* **preguntar.**

> MODELOS
> Javier / si hay una farmacia cerca de la casa
> **Javier pregunta si hay una farmacia cerca de la casa.**
>
> los profesores / un descuento en la librería
> **Los profesores piden un descuento en la librería.**

9.2 **Ejercicio A.** *Haga las oraciones de nuevo usando dos complementos pronominales.*

> MODELO
> Le doy la llave a mamá.
> **Se la doy.**

> **Ejercicio B.** *Ud. es una persona muy servicial y siempre quiere ayudar a sus amigos. ¿Cómo contesta Ud. sus preguntas?*

> MODELO
> ¿Me abres la puerta?
> **¡Cómo no! Te la abro ahora mismo.**

9.3 **Ejercicio A.** *La gente que Ud. va a escuchar está de vacaciones. ¿Qué les dice Ud. para ayudarlos?*

> MODELO
> Mi coche no funciona. ¿Qué debo hacer? (llevarlo al garage)
> **Llévelo al garaje.**

> **Ejercicio B.** *Conteste las preguntas con un mandato afirmativo sustituyendo pronombres por los complementos si es posible.*

> MODELO
> ¿Puedo ir al cine?
> **Sí, vaya al cine.**

> **Ejercicio C.** *Conteste las preguntas con un mandato negativo, sustituyendo pronombres por los complementos si es posible.*

> MODELO
> ¿Puedo salir ahora?
> **No, no salga.**

9.4 *Haga una oración con una forma de* **todo.**

> MODELO
> Compro mi ropa en el centro.
> **Compro toda mi ropa en el centro.**

9.5 **Ejercicio A.** *Haga nuevas oraciones con el sujeto indicado.*

> MODELO
> A mí me gustan los colores oscuros. / el azul
> **A mí me gusta el azul.**

Copyright © 1992 by Holt, Rinehart and Winston, Inc. All rights reserved.

Ejercicio B. *Cambie las oraciones según las indicaciones.*

MODELO   A Jorge le gusta ir de compras. / a mí
A mí me gusta ir de compras también.

Ejercicio C. *Conteste las preguntas en negativo. Omita el sujeto en la respuesta.*

MODELO   ¿A Raquel le gusta el teatro?
No, no le gusta.

9.6   *Complete las oraciones con un artículo definido, si es necesario.*

MODELOS   Vamos a escuchar / música de Mozart
Vamos a escuchar música de Mozart.

Me gusta / música de Mozart
Me gusta la música de Mozart.

9.7   **Ejercicio A.** *Describa los dolores de la gente.*

MODELO   a Ricardo / los pies
A Ricardo le duelen los pies.

Ejercicio B. *Conteste las preguntas según las indicaciones.*

MODELO   ¿Qué le fascina a David? / las computadoras
A David le fascinan las computadoras.

III.   VOCABULARIO

Ejercicio A. *Seleccione la respuesta correcta.*

1.   a. el dolor
    b. el peso
    c. la peseta
    d. el austral

2.   a. una oferta
    b. una liquidación
    c. una ganga
    d. una espalda

3.   a. los labios
    b. el hombro
    c. la boca
    d. la nariz

Copyright © 1992 by Holt, Rinehart and Winston, Inc. All rights reserved.

4. a. regatear
    b. buscar una oferta
    c. pagar con una tarjeta de crédito
    d. ir a una liquidación

5. a. al contado
    b. con tarjeta de crédito
    c. con una meta clara
    d. con cheque de viajero

Ejercicio B. *Subraye la opción que más está relacionada con la expresión que va a escuchar.*

1. a. la empresa
    b. la marca
    c. la moneda
    d. el regateo

2. a. el recibo
    b. la docena
    c. mil gramos
    d. media milla

3. a. la cuenta
    b. el recibo
    c. el anuncio
    d. el paquete

4. a. la venta
    b. la oferta
    c. el hombro
    d. el costo

5. a. el consumidor
    b. el dependiente
    c. el pretexto
    d. el crimen

Ejercicio C. *Indique qué palabra se relaciona más con la palabra que va a escuchar.*

1. a. pasaje
    b. flecha
    c. maleta
    d. viajero

2. a. seguro
    b. embajada
    c. costo
    d. cuadra

Copyright © 1992 by Holt, Rinehart and Winston, Inc. All rights reserved.

3. a. confirmar
    b. dar vuelta
    c. subir
    d. utilizar

4. a. autopista
    b. semáforo
    c. puente
    d. avión

5. a. anuncio
    b. azafata
    c. flecha
    d. moneda

6. a. consulado
    b. tarifa
    c. puente
    d. gasto

7. a. cuadra
    b. raya
    c. precio
    d. playa

8. a. ventaja
    b. tren
    c. divisa
    d. culpa

9. a. tarifa
    b. divisa
    c. mandato
    d. búsqueda

10. a. chimenea
    b. reservación
    c. flecha
    d. botones

Copyright © 1992 by Holt, Rinehart and Winston, Inc. All rights reserved.

IV. COMPRENSIÓN AUDITIVA

Escuche la conversación.

Ahora, escuche la conversación por partes e indique si las oraciones son verdaderas o falsas.

1. v f	4. v f	7. v f	10. v f
2. v f	5. v f	8. v f	11. v f
3. v f	6. v f	9. v f	12. v f

V. DICTADO

Escriba las oraciones. Cada oración se dice dos veces.

1._____

_____

2._____

_____

3._____

_____

4._____

_____

5._____

_____

Copyright © 1992 by Holt, Rinehart and Winston, Inc. All rights reserved.

Capítulo diez
Las noticias

I. PRONUNCIACIÓN: La entonación

A. Spanish intonation differs from English intonation in many ways, two of which are particularly significant. The first of these occurs in the basic declarative sentence. English intonation tends to rise towards the last stressed syllable. In contrast, the highest pitch of a Spanish declarative sentence is the *first* stressed syllable, and the rest of the sentence descends in pitch. In other words, Spanish and English intonation in declarative sentences are the exact opposite of each other. Since the English declarative pattern sounds ponderous and over-emphatic in Spanish, it should be avoided. As you repeat the following sentences, be aware of how the Spanish declarative pattern differs from that of the English.

Buenos dias.
Good morning.

Estoy muy bien.
I'm just fine.

Somos de México.
We are from México.

Jugamos mañana.
We are playing tomorrow.

Nadie es perfecto.
No one is perfect.

Me llamo Juan.
My name is John.

B. A second major difference between English and Spanish intonation occurs in questions that begin with an interrogative expression, also known as information questions. Whereas the English information question rises in pitch towards the end, the Spanish information question follows exactly the same pattern as the declarative pattern described above in Section A: the first stressed syllable is the highest pitch in the sentence, and the remainder of the sentence descends in pitch. Repeat the following questions as you hear them; be aware of how different English and Spanish intonation is for information questions.

¿De dónde es ella?
Where is she from?

¿Cuándo vamos a jugar?
When are we going to play?

¿Cuándo vienes a mi casa?
When are you coming to my house?

¿Adónde vas?
Where are you going?

Copyright © 1992 by Holt, Rinehart and Winston, Inc. All rights reserved.

II. GRAMÁTICA

10.1 Ejercicio A. *Haga oraciones con los nuevos sujetos.*

MODELO   Marisela llamó a su madre anoche. / yo
Yo llamé a mi madre anoche.

Ejercicio B. *Conteste las preguntas según las indicaciones. Omita el sujeto en las respuestas.*

MODELO   ¿A qué hora llegaste ayer? / a las cinco
Llegué a las cinco.

10.2 *Ponga las oraciones en el pretérito.*

MODELO   Micaela va al concierto.
Micaela fue al concierto.

10.3 Ejercicio A. *Haga otras preguntas usando los nuevos sujetos.*

MODELO   ¿Qué comió Ud. anoche? / tú
¿Qué comiste tú anoche?

Ejercicio B. *Conteste las preguntas según las indicaciones. Omita los sujetos en las respuestas.*

MODELO   ¿Qué comiste ayer? / una hamburguesa
Comí una hamburguesa.

Ejercicio C. *Conteste las preguntas en negativo. Omita el sujeto en las respuestas.*

MODELO   ¿Fuiste al cine?
No, no fui al cine.

10.4 Ejercicio A. *Conteste las preguntas según las indicaciones. Omita el sujeto en las respuestas.*

MODELO   ¿A qué hora empezaste a estudiar? / a las ocho
Empecé a estudiar a las ocho.

Ejercicio B. *Ponga las oraciones en el pretérito.*

MODELO   Marisa lee la revista.
Marisa leyó la revista.

 Copyright © 1992 by Holt, Rinehart and Winston, Inc. All rights reserved.

10.5 **Ejercicio** **A.** *Conteste las preguntas según las indicaciones. Omita el sujeto en las respuestas.*

MODELO ¿Cuánto tiempo hace que llegaron Uds.? / diez minutos
Hace diez minutos que llegamos.

Ejercicio **B.** *Haga preguntas para las respuestas.*

MODELO Hace dos minutos que llegó Jorge.
¿Cuánto tiempo hace que llegó Jorge?

10.6 *Complete la oración con* **acabar de** *y la terminación más lógica de las que se encuentran en su manual.*

MODELO Marisela tiene mucho dinero porque ...

a. morir su perro
b. cobrar su cheque

Marisela tiene mucho dinero porque acaba de cobrar su cheque.

1. a. perder su juguete favorito
   b. ver un pájaro en el árbol
   c. recibir un regalo de cumpleaños
   d. escuchar un chiste

2. a. escribir una nueva palabra en la pizarra
   b. contestar una pregunta
   c. anunciar un examen
   d. decir que todos salieron bien en el examen

3. a. ver una buena película
   b. comer demasiado
   c. caminar por el parque
   d. hablar con mamá

4. a. correr una milla
   b. ver un perro
   c. tomar una taza de café
   d. abrir la ventana

5. a. recibir una F
   b. ver una mala película
   c. escuchar un discurso aburrido
   d. recibir un cheque de mil dólares

Copyright © 1992 by Holt, Rinehart and Winston, Inc. All rights reserved.

III. VOCUBULARIO

Ejercicio A. *Elija la opción en su manual que mejor corresponde a los términos que va a escuchar.*

1.
   a. una persona que trabaja
   b. una persona que ladra
   c. una persona que roba
   d. una persona que no hace nada en particular

2.
   a. un fenómeno sísmico
   b. un fenómeno interplanetario
   c. un tipo de motocicleta
   d. una empresa japonesa

3.
   a. un fenómeno artístico
   b. una época histórica
   c. una inundación
   d. un animal zoológico

4.
   a. un éxito
   b. un acontecimiento
   c. un acto desagradable
   d. una materia aburrida

5.
   a. un accidente entre dos coches
   b. una batalla
   c. un soldado
   d. un conflicto de varias batallas

Ejercicio B. *Conteste las preguntas según las indicaciones.*

1.
   a. asaltar
   b. robar
   c. contar
   d. violar

2.
   a. una inundación
   b. una batalla
   c. una tormenta
   d. una nevada

3.
   a. un raptador
   b. un asesino
   c. un delincuente
   d. un locutor

Copyright © 1992 by Holt, Rinehart and Winston, Inc. All rights reserved.

4.   a. la locutora
          b. la radiodifusora
          c. la foto
          d. el informe

5.   a. una bomba
          b. una amenaza
          c. una extorsión
          d. un suceso

IV. COMPRESIÓN AUDITIVA

Escuchen la conversación entre Teresa y Ricardo.

Ahora escuchen la conversación por partes e indique si las oraciones son falsas o verdaderas.

1. v f	4. v f	7. v f	10. v f
2. v f	5. v f	8. v f	11. v f
3. v f	6. v f	9. v f	12. v f

V. DICTADO

Escriba las oraciones. Cada oración se dice dos veces.

1._____

_____

2._____

_____

3._____

_____

4._____

_____

5._____

_____

Copyright © 1992 by Holt, Rinehart and Winston, Inc. All rights reserved.

Capítulo once
La narración y la historia

I. PRONUNCIACIÓN: p, k y g

A. There is only one major difference between the Spanish p and the English p̲: the English p is usually followed by a slight aspiration, or puff of air, whereas the Spanish p is not. You can test the English aspiration by placing a light sheet of paper close to your lips as you say words like *pill, pull* or *pot.* You will notice that the paper jumps just after the p because of the aspiration. This puff of air should not occur after any Spanish p. Repeat the following combinations of English and Spanish words, making sure that the Spanish p is not aspirated.

poppy	peppy	Paul
papá	Pepito	Pablo
pond	paper	puppy
ponga	papel	pupitre

B. The Spanish k sound is also unaspirated, unlike most English k sounds. Repeat the following combinations of English and Spanish words, making sure that the Spanish k̲ sounds are not aspirated.

can't	keel	Coke
canta	kilo	coca

C. At the beginning of an utterance and after an n, the Spanish g sound is a stop, identical to the English g sound. In all other positions, it is fricative; that is, the tongue is held in the same position as for the stop g, but does not completely stop the passage of air. Repeat the following pairs of expressions. In the first expression, the g is a stop because it occurs either at the beginning of an utterance or after an n. In the second expression, the g is fricative.

Goya	un gran hombre	angosto
Francisco Goya	una gran persona	agosto
sangrada	están ganando	manga
sagrada	está ganando	maga

Copyright © 1992 by Holt, Rinehart and Winston, Inc. All rights reserved.

II. GRAMÁTICA

11.1 *Haga una nueva oración con el sujeto indicado.*

> MODELO   Nicolás esperaba el autobús. / nosotros
> **Nosotros esperábamos el autobús.**

11.2 *Haga oraciones con los elementos dados.*

> MODELO   yo / poder comprarlo
> **Yo podía comprarlo.**

11.3 *Ponga las oraciones en el imperfecto.*

> MODELO   Juanita va a casa todos los días.
> **Juanita iba a casa todos los días.**

11.4 *Describa el día de Luis ayer.*

> MODELO   hablar con Isabel a las nueve
> **Luis habló con Isabel a las nueve.**

11.5 **Ejercicio A.** *¿Qué hacía Don Tremendón cuando era joven?*

> MODELO   nunca ir a clase
> **Cuando Don Tremendón era joven, nunca iba a clase.**

Ejercicio B. *Seleccione la opción más lógica para explicar las motivaciones de la gente.*

> MODELO   Gregorio fue al cine porque ...
>
> a. tener que estudiar
> b. querer ver la película
>
> **Gregorio fue al cine porque quería ver la película.**

1. a. necesitar dinero
    b. estar con su novia

2. a. estar en la calle con mis amigos
    b. estar cansado

3. a. tener mucho tiempo
    b. estar enferma

4. a. estar en el centro
    b. necesitar otra forma de transporte

5. a. no saber su número de teléfono
    b. tener una tarjeta de crédito

Copyright © 1992 by Holt, Rinehart and Winston, Inc. All rights reserved.

Ejercicio C. *El día ocupadísimo de Marta. Describa el día de Marta y sus interrupciones.*

MODELO   mientras tomar el desayuno / sonar el teléfono
Mientras tomaba el desayuno, sonó el teléfono.

III.   VOCABULARIO

Termine las oraciones con la opción más lógica en su manual.

1.   a. historiador
      b. filósofo
      c. rebelde
      d. puritano

2.   a. aristócrata
      b. colono
      c. conde
      d. rey

3.   a. indio
      b. estudioso
      c. rey
      d. burócrata

4.   a. santa
      b. condesa
      c. inundación
      d. época

5.   a. cura
      b. mora
      c. bandera
      d. traición

6.   a. colonos
      b. rebeldes
      c. príncipes
      d. vencedores

7.   a. en las montañas
      b. en la luna
      c. en la pampa
      d. en el mar

8.   a. después de Cristo
      b. antes de Cristo
      c. del meridiano de los tiempos
      d. de las luces

Copyright © 1992 by Holt, Rinehart and Winston, Inc. All rights reserved.

9. a. de los diluvios
    b. del prejuicio
    c. de los minoritarios
    d. de los conquistadores

10. a. cura
    b. incendio
    c. aristócrata
    d. diluvio

IV. COMPRENSIÓN AUDITIVA

Escuche la selección.

Ahora escuche la selección por partes e indique si las oraciones son falsas o verdadersas.

1. v f	4. v f	7. v f	10. v f
2. v f	5. v f	8. v f	
3. v f	6. v f	9. v f	

V. DICTADO

Escriba las oraciones. Cada oración se dice dos veces.

1. _____

_____

2. _____

_____

3. _____

_____

4. _____

_____

5. _____

_____

Copyright © 1992 by Holt, Rinehart and Winston, Inc. All rights reserved.

Capítulo doce
La familia y los antepasados

I. PRONUNCIACIÓN: *l, ll,* e *y griega*

A.   To pronounce the Spanish l, the tongue must be placed in a higher, more tense position than that generally used for the English l. Notice where your tongue lies when you pronounce the l in English words like *atlas* and *neatly*. This position is approximately the same as that of the Spanish l. Pay close attention to how you pronounce l in the following sentences.

> El elemento más elemental puede ser el más esencial.
> El filósofo eligió hablar sobre la moral.
> El señor Sandoval vive en una zona rural.
> La linda Lolita tiene rulos en el pelo.

B.   In most parts of the Spanish-speaking world, y (except when it is a single word) and ll are pronounced much like the y in *yellow,* but more intensely. In Argentina and Uruguay, however, these letters are pronounced like the z in *azure,* and in some parts of Spain and South America, the ll is pronounced like ly in English. Repeat the following sentences as you hear them.

> Yo me llamo Yolanda Villanueva, y soy bella.
> La señora Lavalle se desmayó cuando vio a su yerno ayer.
> La leyenda de la llorona se oye en todo México.

II. GRAMÁTICA

12.1   **Ejercicio A.** *Ponga las oraciones en el pretérito.*

MODELO   Carlos hace mucho ruido.
Carlos hizo mucho ruido.

Ejercicio B. *Conteste las preguntas en negativo. Omita el sujeto en las respuestas.*

MODELO   ¿Pusiste tu nuevo pantalón en el armario?
No, no lo puse en el armario.

12.2   **Ejercicio A.** *Haga oraciones en el pretérito usando los elementos dados.*

MODELO   Tomás / proponer algo interesante
Tomás propuso algo interesante.

Copyright © 1992 by Holt, Rinehart and Winston, Inc. All rights reserved.

Ejercicio B. *Conteste las preguntas según las indicaciones.*

MODELO   ¿Quién conoció a María? / yo
Yo conocí a María anoche.

12.3   *Reemplace **las cosas** con **lo que**.*

MODELO   Me gustan las cosas que dices.
Me gusta lo que dices.

12.4   *Reemplace **aspecto, cosa, característica, elemento o parte** con **lo + adjetivo**.*

MODELO   El aspecto interesante del problema es su origen.
Lo interesante del problema es su origen.

12.5   **Ejercicio A**. *Haga una oración en el pretérito con los elementos dados .*

MODELO   los niños / mentir a sus profesores
Los niños mintieron a sus profesores.

Ejercicio B. *Conteste las preguntas según las indicaciones.*

MODELO   ¿Cuántas horas dormiste anoche? / ocho horas
Dormí ocho horas anoche.

12.6   *Complete las oraciones con **hubo** o **había**.*

MODELOS   un incendio anoche
Hubo un incendio anoche.

varios hombres en la esquina
Había varios hombres en la esquina.

12.7   **Ejercicio A**. *Invente preguntas para las respuestas a continuación usando **cuál**, **cuáles** o **qué**.*

MODELO   Mi número de teléfono es 397-3588.
¿Cuál es tu número de teléfono?

Ejercicio B. *Complete las oraciones con **porque** o **a causa de**.*

1. Fui a Madrid _____ quería ver a mis parientes.
2. Vino mi prima _____ yo la invité.
3. Toda la familia vino _____ el aniversario de la abuela.
4. Mi padre llamó _____ tenía que hablar conmigo.
5. Mis suegros llegaron tarde _____ el tráfico.

Copyright © 1992 by Holt, Rinehart and Winston, Inc. All rights reserved.

III. VOCABULARIO

Escoja la respuesta correcta en su manual.

Ejercicio A. *Escoja la respuesta correcta.*

1.   a. el aniversario
     b. el marido
     c. el casamiento
     d. la cadena

2.   a. el nacimiento de un bebé
     b. las bodas de oro de los abuelos
     c. la cárcel
     d. el alivio

3.   a. el yerno
     b. la nuera
     c. la cuñada
     d. el asunto

4.   a. el bosque
     b. el lobo
     c. el premio
     d. la abuela

5.   a. la crianza
     b. los compadres
     c. el camino
     d. la enseñanza

Ejercicio B. *Escoja la definición correcta de las palabras que va a escuchar.*

1.   a. un lugar para criminales
     b. una calle pequeña
     c. un pariente de papá
     d. una flor

2.   a. el esposo de mi nieta
     b. el esposo de mi hermana
     c. el esposo de mi tía
     d. el esposo de mi sobrina

3.   a. el hijo de mi hermana
     b. la hija de mi hermano
     c. la hija de mi prima
     d. una hija de mi primer matrimonio

Copyright © 1992 by Holt, Rinehart and Winston, Inc. All rights reserved.

4.   a. la hija de mi padrino
         b. la esposa de un hijo
         c. una mujer que no está casada
         d. la hija de un hijo

5.   a. el ánimo
         b. el comportamiento
         c. la disputa
         d. la boda

IV.   COMPRENSIÓN AUDITIVA

Escuche toda la selección.

Ahora, escuche la selección párrafo por párrafo y complete las oraciones con la opción más lógica.

1.   a. una ciudad mexicana.
         b. en la capital de México.
         c. con su abuelos.
         d. con dos primos.

2.   a. tienen diecinueve años.
         b. viven en Chihuahua.
         c. son de Bogotá.
         d. están en Chihuahua solamente para las bodas de oro de sus abuelos.

3.   a. quieren hacer una gran fiesta.
         b. celebraron sus bodas de oro el año pasado.
         c. van a celebrar sus bodas de oro.
         d. no están casados todavía.

4.   a. están jubilados.
         b. no tienen nietos.
         c. están casados desde hace veinte años.
         d. tienen un puesto en la administración del gobierno.

5.   a. recibieron mucho dinero de su familia.
         b. construyeron una casa para su familia.
         c. trabajaron juntos en una empresa que construía casas.
         d. tenían mucho dinero.

6.   a. ganó algo, pero nunca prosperó.
         b. creció bastante.
         c. ahora está jubilado.
         d. está en manos de los hermanos del padre de Raquel.

7.   a. van a jubilarse el año que viene.
         b. dejaron el negocio a sus tres hijos.
         c. dejaron el negocio en manos del padre de Raquel.
         d. tuvieron que cerrar el negocio cuando se jubilaron.

 Copyright © 1992 by Holt, Rinehart and Winston, Inc. All rights reserved.

8.   a. tres hermanos y una hermana.
         b. cinco hermanos y hermanas.
         c. una empresa de construcción
         d. una empresa que fabrica medicinas.

9.   a. es la hermana de Raquel.
         b. vive en Chihuahua con su marido, que es de Guadalajara.
         c. no vive con sus hijos.
         d. está casada con un hombre de Guadalajara.

10.   a. consiste en su marido y un hijo.
         b. son los únicos miembros de la familia que no viven en Chihuahua.
         c. vinieron a Guadalajara para las bodas de oro de sus padres.
         d. está preparando una gran fiesta.

V.   DICTADO

Escriba las oraciones. Cada oración se dice dos veces.

1. _____

_____

2. _____

_____

3. _____

_____

4. _____

_____

5. _____

_____

Copyright © 1992 by Holt, Rinehart and Winston, Inc. All rights reserved.

Capítulo trece
La rutina diaria y las transiciones

I. SEGUNDA VISTA: Las formas del presente del indicativo

Conteste las preguntas en negativo. Omita el sujeto en la respuesta.

    MODELO   ¿Pones la mesa después de comer?
                      No, no pongo la mesa después de comer.

II. GRAMÁTICA

13.1 Ejercicio A. *Haga nuevas oraciones usando el sujeto indicado.*

    MODELO   Narciso se mira en el agua. / nosotros
                      Nosotros nos miramos en el agua.

Ejercicio B. *Complete las oraciones con una frase de énfasis o de clarificación.*

    MODELO   Javier se respeta ...
                      Javier se respeta a sí mismo.

Ejercicio C. *Complete las oraciones con el pronombre reflexivo que corresponda a la frase de clarificación.*

1. Mis amigos y yo _____ ayudamos los unos a los otros.
2. Marisa y Ana _____ miraron la una a la otra.
3. Debéis amar_____ los unos a los otros.
4. El padre y el hijo_____ abrazaron el uno al otro.

13.2   **Ejercicio A.** *Describa la rutina diaria de José.*

    MODELO   levantarse / a las ocho
                      José se levanta a las ocho.

    Ejercicio B. *Conteste las preguntas según las indicaciones. Omita el sujeto en las respuestas.*

    MODELO   ¿A qué hora te acuestas? (a las once)
                      Me acuesto a las once.

Copyright © 1992 by Holt, Rinehart and Winston, Inc. All rights reserved.

Ejercicio C. *Conteste las preguntas con la respuesta más lógica.*

MODELO   ¿Te lavas las manos antes o después de comer?
              Me lavo las manos antes de comer.

13.3 *Conteste las preguntas según las indicaciones. Omita las sujetos en las respuestas.*

MODELO   ¿Cómo se ve María? / elegante
              Se ve elegante.

13.4 **Ejercicio A.** *Las reacciones de Marta. Describa en el pretérito la reacción más lógica de Marta a la situación descrita.*

MODELO   Marta comió demasiado. / enfermarse o enojarse
              Marta se enfermó.

Ejercicio B. *Termine las oraciones con la terminación más lógica en su manual.*

MODELO   Miguel se enamoró y ...

              a. pagar sus impuestos
              b. casarse

              Miguel se enamoró y se casó.

1.   a. dormirse
      b. separarse de su amante

2.   a. enojarse mucho
      b. casarse de nuevo

3.   a. calmarse
      b. molestarse

4.   a. enfermarse
      b. convertirse al catolicismo

5.   a. emborracharse
      b. enamorarse

6.   a. curarse
      b. aburrirse

13.5 **Ejercicio A.** *Describa en el pretérito los logros de la gente a continuación.*

MODELO   Roberto / hacerse abogado
              Roberto se hizo abogado.

    Copyright © 1992 by Holt, Rinehart and Winston, Inc. All rights reserved.

Ejercicio B. Complete las oraciones en el pretérito usando una forma de **hacerse** o **ponerse**.

MODELOS   yo / enfermo
Yo me puse enfermo.

tú / médico
Tú te hiciste médico.

13.6   **Ejercicio A.** *Pepito el Perezoso necesita ayuda en todo. Describa su vida.*

MODELO   Pepito no se despierta sin ayuda. Su mamá ...
Su mamá lo despierta.

Ejercicio B. *Invierta las oraciones con una construcción transitiva.*

MODELO   Sara y Samuel se casan en una sinagoga; un rabino ...
Un rabino los casa.

13.7   **Ejercicio A.** *Conteste las preguntas con las palabras indicadas. Omita el sujeto en las respuestas.*

MODELO   ¿Para dónde sale el tren? / Quito
El tren sale para Quito.

Ejercicio B. *Conteste las preguntas según las indicaciones. Omita el sujeto en las respuestas.*

MODELO   ¿Por dónde pasa esta calle? / el centro
Pasa por el centro.

Ejercicio C. *Complete las oraciones en su manual con **por** o **para.***

1. Tenemos que estudiar mucho_____el examen mañana.
2. Vi a María ayer_____la tarde.
3. Trabajé_____tres horas.
4. Me lo vendieron_____cinco mil pesos.
5. Raúl estudia _____ingeniero.
6. Joan habla muy bien_____extranjera.
7. El criminal entró _____la ventana.
8. El túnel pasa _____aquella montaña.
9. Ana y Gaby están muy contentas_____sus buenas notas.
10. Pusieron un disco_____bailar.

Copyright © 1992 by Holt, Rinehart and Winston, Inc. All rights reserved.

III. VOCABULARIO

Ejercicio A. *Escoja de las opciones en su manual la frase que mejor define los términos que va a escuchar.*

1.
   a. el doble
   b. el casamiento
   c. el período antes de la adolescencia
   d. la temporada

2.
   a. cuando uno deja de trabajar
   b. cuando uno se pone muy contento
   c. el cariño
   d. la alegría

3.
   a. la adolescencia
   b. un período en la historia del arte
   c. el comienzo de una vida
   d. una relación entre amigos

4.
   a. ponerse enfermo
   b. recuperarse
   c. contentarse
   d. bautizarse

5.
   a. moverse
   b. cambiar de una casa a otra
   c. acostumbrarse
   d. terminar una conversación

Ejercicio B. *Escoja la opción que mejor describe lo que escucha.*

1.
   a. Marisa estaba nerviosa antes de escuchar la noticia.
   b. Marisa tomó un tranquilizante.
   c. Marisa estaba rodeada de gente molesta.
   d. La noticia le preocupó a Marisa

2.
   a. Carlos estudiaba administración de empresas.
   b. Carlos buscaba los servicios de un abogado.
   c. Carlos se casó con una abogada.
   d. Carlos se hizo abogado.

3.
   a. Los señores González en este momento están casados.
   b. Los señores González se hicieron muy amigos.
   c. Los señores González no tienen hijos.
   d. Los señores González se cansaron del matrimonio.

Copyright © 1992 by Holt, Rinehart and Winston, Inc. All rights reserved.

4.   a. Miguel y Raúl se abrazaron.
      b. Miguel y Raúl se emborracharon.
      c. Miguel y Raúl se pusieron sus abrigos.
      d. Necesitan hacer más ejercicio.

5.   a. La cuenta era razonable.
      b. Papá nunca se enoja.
      c. Papá se puso furioso al ver la cuenta.
      d. Gumersinda era la mesera.

IV. COMPRENSIÓN AUDITIVA

Escuche la lectura.

Ahora escuche la lectura párrafo por párrafo e indique si las oraciones son verdaderas o falsas.

1. v f	4. v f	7. v f	10. v f
2. v f	5. v f	8. v f	11. v f
3. v f	6. v f	9. v f	12. v f

V.   DICTADO

Escriba las oraciones. Cada oración se dice dos veces.

1. _____
   _____
2. _____
   _____
3. _____
   _____
4. _____
   _____
5. _____
   _____

Copyright © 1992 by Holt, Rinehart and Winston, Inc. All rights reserved.

Capítulo catorce
La política

I.   SEGUNDA VISTA: Los mandatos formales

    Ejercicio A. *Usted es gerente de una gran empresa. Conteste los pedidos de sus empleados con un mandato formal afirmativo (§9.3).*

    MODELOS   Jefe, ¿puedo llevarme estos papeles?
    Sí, lléveselos.

        Jefe, ¿podemos irnos ahora?
    Sí, váyanse.

    Ejercicio B. *Ahora usted es maestra de primaria. Conteste las preguntas de sus estudiantes con un mandato formal.*

    MODELO   Maestra, ¿podemos irnos ahora?
    Sí, váyanse.

    Ejercicio C. *Usted sigue como maestra de primaria, pero ahora va a contestar los pedidos de sus niños con mandatos negativos (§14.6).*

    MODELO   Maestra, ¿Puedo ir al baño ahora?
    No, no vaya al baño ahora.

II.   GRAMÁTICA

14.1   Ejercicio A. *Haga otra oración empezando con la frase **Juan quiere que**.*

    MODELO   Yo compro su coche.
    Juan quiere que yo compre su coche.

    Ejercicio B. *Haga otra oración con los elementos dados.*

    MODELOS   Ud. saca muchas fotos. / Quiero que
    Quiero que Ud. saque muchas fotos.

        Ud. saca muchas fotos. / Sé que
    Sé que Ud. saca muchas fotos.

Copyright © 1992 by Holt, Rinehart and Winston, Inc. All rights reserved.

Ejercicio C: *Haga un informe sobre lo que Ana dice.*

MODELO   Ana me dice, "Maneje con cuidado."
Ana me dice que maneje con cuidado.

14.2 **Ejercicio A.** *Haga una oración con los elementos dados.*

MODELO   me alegro de que el presidente / aceptar nuestra posición
Me alegro de que el presidente acepte nuestra posición.

Ejercicio B. *Termine las oraciones con **los demócratas ganen todas las elecciones en este estado** o **los demócratas ganan todas las elecciones en este estado.***

MODELOS   Me alegro de que ...
Me alegro de que los demócratas ganen todas las elecciones en este estado.

Sé que ...
Sé que los demócratas ganan todas las elecciones en este estado.

14.3 **Ejercicio A.** *Haga una nueva oración que comience con la frase **Mamá espera que***

MODELO   Podemos venir a la reunión.
Mamá espera que podamos venir a la reunión.

Ejercicio B. *Haga oraciones con los elementos dados.*

MODELO   Jorge espera que tú / salir temprano
Jorge espera que tú salgas temprano.

Ejercicio C. *Describa lo que le molesta a Gumersinda.*

MODELO   Sus amigos no son millonarios.
A Gumersinda le molesta que sus amigos no sean millonarios.

14.4 *Haga nuevas oraciones con los elementos dados.*

MODELO   El presidente no conoce el caso. / Es imposible
Es imposible que el presidente no conozca el caso.

14.5 *Haga una oración con **ojalá que**.*

MODELO   Miguel / salir bien en el examen
Ojalá que Miguel salga bien en el examen.

      Copyright © 1992 by Holt, Rinehart and Winston, Inc. All rights reserved.

14.6 **Ejercicio A.** *Conteste las preguntas con un mandato afirmativo de tú. Sustituya pronombres por los complementos si es posible.*

MODELO   ¿Te hablo en español?
Sí, háblame en español.

Ejercicio B. *Conteste las preguntas con un mandato afirmativo de tú. Sustituya pronombres por los complementos si es posible. Note que los mandatos de este ejercicio son irregulares.*

MODELO   ¿Hago las enchiladas ahora?
Sí, hazlas ahora.

Ejercicio C. *Ud. tiene un amigo que va de vacaciones y no entiende nada de nada. ¿Qué consejos le da Ud. (usando mandatos negativos de tú)?*

MODELO   ir a barrios peligrosos
No vayas a barrios de mala fama.

14.7 *Con un mandato indirecto, indique que Ud. aprueba los deseos de la gente.*

MODELO   Pablo quiere manejar.
Muy bien. Que maneje.

III.   VOCABULARIO

Ejercicio A. *Seleccione la respuesta correcta de las opciones a continuación.*

1.   a. la conscripción
       b. la marina
       c. el veto
       d. el ejército

2.   a. la batalla
       b. el discurso
       c. la mayoría
       d. el volante

3.   a. el diputado
       b. la senadora
       c. el alcalde
       d. el ejército

4.   a. llamar a ciudadanos por teléfono
       b. repartir volantes
       c. organizar manifestaciones
       d. vetar leyes

Copyright © 1992 by Holt, Rinehart and Winston, Inc. All rights reserved.

5. a. izquierdista
    b. nacionalista
    c. armado
    d. derechista

Ejercicio B. *Complete las oraciones con la palabra o expresión más lógica .*

1. a. un gasto
    b. una batalla
    c. un arma
    d. una amenaza

2. a. una bala
    b. un revólver
    c. una potencia
    d. una rama

3. a. el ejército
    b. la marina
    c. la fuerza aérea
    d. las tropas especiales

4. a. una carrera
    b. una reserva
    c. un senado
    d. un partido

5. a. un asesor
    b. un alcalde
    c. un juez
    d. una patria

IV. COMPRENSIÓN AUDITIVA

Escuche la selección.

Ahora, escuche la selección por partes, y termine las oraciones con la respuesta más lógica de las que se encuentran a continuación.

1. a. su inteligencia
    b. su radicalismo
    c. la disparidad de sus opiniones políticas
    d. la belleza del narrador

2. a. una alumna modelo
    b. una chica muy enamorada
    c. una persona a quien no le gustaban las reglas
    d. una chica poco inteligente

296

Copyright © 1992 by Holt, Rinehart and Winston, Inc. All rights reserved.

3. a. denuncia el militarismo pero defiende el capitalismo
    b. cree en la igualdad económica
    c. es empleada de una empresa del estado
    d. trabaja para conseguir más capital

4. a. los grandes empresarios
    b. la concentración del capital
    c. la socialización de las empresas
    d. la riqueza en manos de poca gente

5. a. un primo de Rosa
    b. un general en el ejército
    c. un tío de Rosa
    d. un militar jubilado

6. a. era muy activo en la política
    b. un alumno modelo
    c. un excelente deportista
    d. un coronel jubilado

7. a. el grupo socialista de Rosa
    b. el gobierno federal
    c. el mal social
    d. el militarismo

8. a. apático
    b. interesado pero no decidido
    c. aburrido hasta la muerte
    d. defensor de la tía Rosa

Copyright © 1992 by Holt, Rinehart and Winston, Inc. All rights reserved.

V. DICTADO

Escriba las oraciones. Cada oración se dice dos veces.

1._____

_____

2._____

_____

3._____

_____

4._____

_____

5._____

_____

Copyright © 1992 by Holt, Rinehart and Winston, Inc. All rights reserved.

Capítulo quince
Los valores y las creencias

I. **SEGUNDA VISTA:** Expresiones indefinidas y negativas *(§6.7).*

Ejercicio A. *Conteste las preguntas en negativo.*

MODELO   ¿Trajo algo Juan?
No, no trajo nada.

Ejercicio B. *Cambie las oraciones al negativo.*

MODELO   ¿Había algunos niños en la fiesta?
No, no había ningún niño en la fiesta.

Ejercicio C. *Conteste las preguntas usando **ninguno** o **ninguna** como pronombres.*

MODELO   ¿Compraste muchos libros?
No, no compré ninguno.

Ejercicio D. *Usando **también** o **tampoco** indique que Ud. está de acuerdo con la gente que va a escuchar.*

MODELOS   Javier va mucho al cine.
Yo voy mucho al cine también.

II. **GRAMÁTICA**

15.1 Ejercicio A. *Haga una nueva oración con los elementos dados.*

MODELO   David es converso. / dudo que
Dudo que David sea converso.

Ejercicio B. *Complete las oraciones con la forma correcta del verbo, en subjuntivo o indicativo.*

MODELOS   Hay fantasmas en esa casa. / sé que
Sé que hay fantasmas en esa casa.

Hay fantasmas en esa casa. / dudo que
Dudo que haya fantasmas en esa casa.

Copyright © 1992 by Holt, Rinehart and Winston, Inc. All rights reserved.

15.2 **Ejercicio A.** *Ponga las oraciones en negativo.*

MODELO   Conozco a alguien que tiene poderes mágicos.
           No conozco a nadie que tenga poderes mágicos.

Ejercicio B. *Haga preguntas para las respuestas que va a escuchar.*

MODELO   Sí, conozco a alguien que tiene un gato negro.
           ¿Conoces a alguien que tenga un gato negro?

15.3 **Ejercicio A.** *Haga una comparación.*

MODELO   Elena tiene imaginación. / Luisa
           Elena tiene tanta imaginación como Luisa.

Ejercicio B. *Haga una comparación de dos acciones.*

MODELO   Mario trabaja mucho. María trabaja mucho también.
           Mario trabaja tanto como María.

15.4 *Haga una oración en superlativo.*

MODELO   ¿Es Alaska un estado grande de los Estados Unidos?
           ¡Claro que sí! Es el estado más grande de los Estados Unidos.

15.5 **Ejercicio A.** *Catarina tiene muchas posesiones. ¿Cómo contesta las preguntas que Ud. va a escuchar?*

MODELO   ¿De quién es la casa?
           Es mía.

Ejercicio B. *Haga una nueva oración usando un posesivo enfático.*

MODELO   Algunos de mis amigos vinieron a casa anoche.
           Algunos amigos míos vinieron a casa anoche.

Ejercicio C. *Ricardo siempre dice que las cosas de su amigo Raúl son mejores que las cosas de él. ¿Cómo contesta las preguntas a continuación?*

MODELO   ¿Cuál de nuestros gorros es el más bonito?
           Es más bonito el tuyo.

15.6 **Ejercicio A.** *Conteste las preguntas con un adjetivo pronominalizado usando siempre la segunda opción en su respuesta.*

MODELO   ¿Prefieres la camisa azul o la camisa amarilla?
           Prefiero la amarilla.

     Copyright © 1992 by Holt, Rinehart and Winston, Inc. All rights reserved.

Ejercicio B. *La Sra. López está identificando las posesiones de sus hijos. ¿Cómo contesta las preguntas?*

MODELO   ¿Cuál es la habitación de Ricardo? (la más grande)
La más grande es la de Ricardo.

Ejercicio C. *Identifique quién hace qué.*

MODELO   ¿Quién juega al fútbol? (Roberto)
Roberto es el que juega al fútbol.

III.   VOCABULARIO

Ejercicio A. *Escoja el término que va con la definición que va a escuchar.*

1.   a. el clérigo
    b. el teólogo
    c. el arzobispo
    d. el rector

2.   a. una momia
    b. una creyente
    c. una papa
    d. una monja

3.   a. un creyente
    b. un hereje
    c. un brujo
    d. un apóstata

4.   a. la teología
    b. la gracia
    c. la libertad de culto
    d. la censura

5.   a. la confirmación
    b. la autoridad
    c. la teología
    d. la postura

Ejercicio B. *Escoja la respuesta correcta*

1.   a. la sinagoga
    b. el templo
    c. el rabino
    d. el convento

Copyright © 1992 by Holt, Rinehart and Winston, Inc. All rights reserved.

2. a. la basílica
   b. la capilla
   c. el concilio
   d. el monasterio

3. a. el infierno
   b. la herejía
   c. el pecado
   d. la bendición

4. a. el bautismo
   b. la confirmación
   c. la fe
   d. la misa

5. a. el cardenal
   b. el rabino
   c. la predicadora
   d. el escéptico

IV. COMPRENSIÓN AUDITIVA

Escuche la lectura.

Ahora escuche la lectura párrafo por párrafo e indique si las oraciones son verdaderas o falsas.

1. v f	4. v f	7. v f	10. v f	13. v f
2. v f	5. v f	8. v f	11. v f	14. v f
3. v f	6. v f	9. v f	12. v f	15. v f

V. DICTADO

Escriba las oraciones. Cada oración se dice dos veces.

1. _____

_____

2. _____

_____

3. _____

_____

4. _____

_____

5. _____

_____

Copyright © 1992 by Holt, Rinehart and Winston, Inc. All rights reserved.

Capítulo dieciséis
El arte y los medios de comunicación

I. **SEGUNDA VISTA: El pretérito y el imperfecto**

Ejercicio A. *Termine las oraciones con la forma correcta del pretérito o del imperfecto (§11.4 y §11.5).*

MODELOS   Rafael / venir todos los días
Rafael venía todos los días.

Rafael / venir anoche
Rafael vino anoche.

Ejercicio B. *Describa a la familia López haciendo una oración en que el primer verbo describa un evento en progreso y el segundo verbo describa una acción que interrumpe ese evento.*

MODELO   Miguel cenar / yo llegar
Miguel cenaba cuando yo llegué.

Ejercicio C. *Escoja de su manual un motivo adecuado para las acciones descritas.*

MODELO   Mario compró un abrigo porque ...

a. tener frío
b. hacer calor

Mario compró un abrigo porque tenía frío.

1.   a. sentirse sola
     b. tener calor

2.   a. estar enojados
     b. necesitar bañarse

3.   a. ser nuevo
     b. ser viejo

4.   a. querer dormir
     b. querer leer

5.   a. tener ganas de comprar algo
     b. tener ganas de tomar sol

Copyright © 1992 by Holt, Rinehart and Winston, Inc. All rights reserved.

II . GRAMÁTICA

16.1 Ejercicio A. *Haga una oración en el pretérito perfecto con los elementos dados.*

MODELO   tú / leer mucho
Tú has leído mucho.

Ejercicio B. *Conteste las preguntas en negativo, usando* **nunca;** *omita el sujeto en la respuesta.*

MODELO   ¿Has ido a Quito alguna vez?
No, nunca he ido a Quito.

16.2 Ejercicio A. *Haga una oración en el pretérito perfecto con los elementos dados.*

MODELO   Ana / romper con su novio
Ana ha roto con su novio.

Ejercicio B. *Conteste las preguntas según el modelo.*

MODELO   ¿Ya hiciste la tarea?
No, no la he hecho todavía.

16.3 *Exprese una opinión sobre las oraciones usando la frase dada.*

MODELO   Margarita ha venido. / es bueno
Es bueno que Margarita haya venido.

16.4 *Conteste las preguntas según el modelo.*

MODELO   ¿Viste esa película anoche?
No, porque ya la había visto antes.

16.5 Ejercicio A. *Conteste las preguntas según las indicaciones.*

MODELO   ¿Cuánto tiempo hace que vives en este país? / diez años
Hace diez años que vivo en este país.

Ejercicio B. *Haga una pregunta para cada respuesta.*

MODELOS   Hace tres semanas que Jorge vive aquí.
¿Cuántas semanas hace que Jorge vive aquí?

Hace diez minutos que papá está jugando.
¿Cuántos minutos hace que papá está jugando?

304   Copyright © 1992 by Holt, Rinehart and Winston, Inc. All rights reserved.

Ejercicio C. *Cambie las oraciones a un equivalente con **hace que**.*

MODELO He estudiado español por seis meses.
Hace seis meses que estudio español.

16.6 Ejercicio A. *Complete las oraciones con **sino** o **sino que**.*

MODELOS José no quiere ser actor / director
José no quiere ser actor sino director.

No sólo me abrazó / me besó
No sólo me abrazó sino que me besó.

Ejercicio B. *Complete las oraciones con **pero** o **sino**.*

MODELOS Maga no ha tenido mucho éxito / es buena
Maga no ha tenido mucho éxito, pero es buena.

Maga no es escritora / actriz
Maga no es escritora sino actriz.

III. VOCABULARIO

Ejercicio A. *Escoja la respuesta correcta.*

1. a. el guión
    b. el noticiero
    c. el diario
    d. los dibujos animados

2. a. la actriz
    b. la guionista
    c. el dramaturgo
    d. la obra

3. a. la novela
    b. el reportaje
    c. el cuento
    d. la telenovela

4. a. convincente
    b. realista
    c. bronceado
    d. mediocre

Copyright © 1992 by Holt, Rinehart and Winston, Inc. All rights reserved.

5.	a. la página deportiva
	b. la sección financiera
	c. el ejemplar
	d. la reseña

Ejercicio B. *Escoja la expresión que más se relaciona con la expresión que va a escuchar.*

1.	a. el diccionario
	b. la trama
	c. la poesía
	d. el periódico

2.	a. la reseña
	b. la serie
	c. la lectura
	d. el locutor

3.	a. el comentario
	b. la novelista
	c. la cuentista
	d. el personaje principal

4.	a. el locutor
	b. el orgullo
	c. la broma
	d. la etiqueta

5.	a. el verso
	b. el diccionario
	c. la editorial
	d. la película

## IV.	COMPRENSIÓN AUDITIVA

Escuche la conversación.

Ahora, escuche la conversación por partes e indique si las oraciones son verdaderas o falsas.

1. v f	4. v f	7. v f	10. v f
2. v f	5. v f	8. v f	11. v f
3. v f	6. v f	9. v f	12. v f

	Copyright © 1992 by Holt, Rinehart and Winston, Inc. All rights reserved.

V. DICTADO

Escriba las oraciones. Cada oración se dice dos veces.

1._____

_____

2._____

_____

3._____

_____

4._____

_____

5._____

_____

Copyright © 1992 by Holt, Rinehart and Winston, Inc. All rights reserved.

Capítulo diecisiete
Desafíos del futuro

I. **SEGUNDA VISTA:** *Gustar* y sus parientes

Ejercicio A. *Complete las oraciones con* **gusta** *o* **gustan** *(§9.5).*

MODELO   A mí me / las enchiladas
A mí me gustan las enchiladas.

Ejercicio B. *Haga una oración nueva con la nueva frase de clarificación o de énfasis (§9.5 y §9.7).*

MODELO   A Raquel le gusta el tenis. / a mí
A mí me gusta el tenis.

Ejercicio C. *Conteste las preguntas según las indicaciones. Omita la frase de énfasis o de clarificación en la respuesta (§9.6).*

MODELO   ¿Qué le molesta a Carlos? (el ruido)
Le molesta el ruido.

II. **GRAMÁTICA**

17.1 **Ejercicio A.** *Haga una oración en el futuro con los elementos dados.*

MODELO   Raúl / llegar mañana
Raúl llegará mañana.

Ejercicio B. *Conteste las preguntas en negativo. Omita el sujeto en las respuestas.*

MODELO   ¿Descubrirá Ud. otro planeta?
No, no descubriré otro planeta.

17.2 **Ejercicio A.** *Mañana hay una fiesta en la casa de Margarita. Usando los elementos dados, describa lo que pasará.*

MODELO   Pepito / poder traer su cámara
Pepito podrá traer su cámara.

Copyright © 1992 by Holt, Rinehart and Winston, Inc. All rights reserved.

Ejercicio B. *Francisco y sus amigos están planeando sus vacaciones. Describa sus planes usando la información dada.*

MODELO   ¿Quién hará las reservaciones? (Jorge)
Jorge las hará.

17.3   *Usando el futuro perfecto, indique cuándo la gente va a realizar sus planes.*

MODELO   Miguel / terminar el proyecto para las ocho
Miguel habrá terminado el proyecto para las ocho.

17.4   *Describa las noticias de ayer, convirtiendo las oraciones a la voz pasiva.*

MODELO   El presidente firmó una nueva ley.
Una nueva ley fue firmada por el presidente.

17.5   Ejercicio A. *Conteste las preguntas en ne   ¿Vas a publicar ese artículo?*

MODELO   ¿Vas a publicar ese artículo?
No, porque ya está publicado.

Ejercicio B. *Describa la sala de la familia López usando la información dada.*

MODELO   los perros / recostar en el piso
Los perros están recostados en el piso.

Ejercicio C. *Conteste las preguntas con una forma correcta de **ser** o **estar.***

MODELO   ¿El concierto? ¿Esta noche?
Sí, el concierto es esta noche.

17.6   Ejercicio A. *Use la construcción reflexiva en el pretérito para describir los accidentes indicados.*

MODELO   romperse el vaso
Se rompió el vaso.

Ejercicio B. *Ayer fue un día fatal para la familia Casares. Describa lo que pasó.*

MODELO   A Pepito / morirse el canario
A Pepito se le murió el canario.

     Copyright © 1992 by Holt, Rinehart and Winston, Inc. All rights reserved.

III.   VOCABULARIO

Ejercicio A. *Indique cuál de las expresiones más se relaciona con la expresión dada.*

1.   a. la ecología
     b. el racismo
     c. la vacuna
     d. el acuerdo

2.   a. la contaminación
     b. la tasa de fertilidad
     c. la pobreza
     d. el machismo

3.   a. los recursos
     b. la ecología
     c. el desarrollo
     d. la tasa de inflación

4.   a. el avance
     b. los anticonceptivos
     c. el analfabetismo
     d. el reconocimiento

5.   a. la vacuna
     b. el desarme
     c. el desarrollo
     d. la potencia

Ejercicio B. *Conteste las preguntas usando la información que sigue.*

1.   a. el feminismo
     b. la lucha de clases
     c. la igualdad
     d. la parada

2.   a. arrodillarse
     b. recostarse
     c. reclinarse
     d. castigarse

3.   a. el analfabetismo
     b. el logro
     c. los derechos humanos
     d. la contaminación del ambiente

4.   a. una mejora en el nivel de vida
     b. menos analfabetismo
     c. el asesor
     d. un descenso en la tasa de inflación

Copyright © 1992 by Holt, Rinehart and Winston, Inc. All rights reserved.

5.   a. avisar
      b. castigar
      c. caber
      d. proteger

IV. COMPRENSIÓN AUDITIVA.

Escuche la conversación.

Ahora, escuche la conversación por partes y complete las oraciones con la respuesta más lógica.

1.   a. a causa de la guerra nuclear.
      b. porque la economía no anda bien.
      c. porque las mujeres no tienen tanta libertad como los hombres.
      d. porque el futuro no le parece muy claro.

2.   a. la liberación de la mujer ha creado problemas.
      b. su madre tenía una vida más difícil que la de ella.
      c. las mujeres de otras generaciones tenían trabajos aburridos.
      d. tiene pocas opciones.

3.   a. más libertad.
      b. un trabajo con muchas presiones.
      c. depender de un hombre.
      d. tomar decisiones difíciles.

4.   a. planes muy claros.
      b. interés en graduarse.
      c. intenciones de casarse.
      d. ganas de ser como su madre.

5.   a. sus hijas tengan las mismas opciones que ella.
      b. la acepten en una facultad de medicina.
      c. nadie la obligue a tener una familia.
      d. su madre no se meta en su vida.

6.   a. abogada.
      b. maestra.
      c. médica.
      d. madre y ama de casa.

7.   a. tener planes para una carrera.
      b. ser una mujer enamorada.
      c. graduarse en junio.
      d. poder ser una buena madre.

 Copyright © 1992 by Holt, Rinehart and Winston, Inc. All rights reserved.

8. a. empezarán sus estudios profesionales.
    b. se casarán.
    c. decidirán si quieren casarse y tener hijos.
    d. se graduarán.

9. a. no le gustará ninguna carrera.
    b. será una buena madre porque adora a los niños.
    c. será una buena abogada porque le apasiona la ley.
    d. que su novio será un esposo ideal.

10. a. criticar la vida tradicional.
    b. vivir y dejar vivir porque todos somos distintos.
    c. tratar de vivir un nuevo tipo de vida.
    d. liberar a las mujeres de la familia.

V. DICTADO

Escriba las oraciones. Cada oración se dice dos veces.

1. _____

_____

2. _____

_____

3. _____

_____

4. _____

_____

5. _____

_____

Copyright © 1992 by Holt, Rinehart and Winston, Inc. All rights reserved.

Capítulo dieciocho
La salud y la medicina

I. **SEGUNDA VISTA:** *ser, estar, tener, hacer y haber*

Ejercicio A. *Complete las oraciones con la forma correcta de* **ser, estar** *y* **tener** *(§2.3, §2.7 y §8.5 y §17.5).*

MODELO   Miguel / veinte años
Miguel tiene veinte años.

Ejercicio B. *Describa el tiempo y las reacciones al tiempo usando* **hacer, hay, estar** *o* **tener** *(§5.5 y §8.5).*

MODELO   Hoy ... frío
Hoy hace frío.

Ejercicio C. *Ana está preparando su casa para una cena. Describa la casa y sus preparativos usando* **hay** *o una forma de* **estar** *(§4.5).*

MODELOS   un pastel / en la mesa
Hay un pastel en la mesa.

su hermano / en la sala
Su hermano está en la sala.

II. **GRAMÁTICA**

18.1   **Ejercicio A.** *Combine las oraciones con* **para que.**

MODELO   El médico me da la receta. Yo no tendré dolores.
El médico me da la receta para que yo no tenga dolores.

Ejercicio B. *Ana está explicando lo que hará en caso de que pasen ciertas cosas. ¿Qué dice?*

MODELO   llamar al médico / Enrique se enferma.
Llamaré al médico en caso de que Enrique se enferme.

18.2   **Ejercicio A.** *Ponga las oraciones en el futuro.*

MODELO   Fui al hospital cuando pude.
Iré al hopital cuando pueda.

Copyright © 1992 by Holt, Rinehart and Winston, Inc. All rights reserved.

Ejercicio B. *Federico está contestando algunas preguntas sobre el futuro. ¿Qué dice?*

MODELO   ¿Cuándo te graduarás? / terminar mis estudios
Me graduaré cuando termine mis estudios.

18.3 **Ejercicio A.** *El Sr. López trabaja en un museo. Forme oraciones sobre su trabajo usando los fragmentos a continuación.*

MODELOS   Quiero que los chicos / traer esos cuadros.
Quiero que los chicos me traigan esos cuadros.

                Sé que Ud. / querer comprar esos cuadros.
Sé que Ud quiere comprar esos cuadros.

Ejercicio B. *Ana López es dueña de una galería y está hablando de lo que necesita y de lo que ya tiene. ¿Qué dice?*

MODELOS   Conozco a un pintor que / querer donar un cuadro
Conozco a un pintor que quiere donar un cuadro.

                Necesito un cuadro que / verse bien allí
Necesito un cuadro que se vea bien allí.

Ejercicio C. *Combine las oraciones con la conjunción indicada.*

MODELO   Nicolás llama a su amigo. El amigo viene / para que
Nicolás llama a su amigo para que venga.

18.4 **Ejercicio A.** *Usando la frase **El presidente quería que ...** , ponga las oraciones en el pasado.*

MODELO   El congreso aprobó la nueva ley.
El presidente quería que el congreso aprobara la nueva ley.

Ejercicio B. *Usted dirige una gran compañía. Usando la frase **Yo buscaba** , describa qué clase de personas quería Ud. que se asociara con su compañía.*

MODELO   dependientes / ser amables
Yo buscaba dependientes que fueran amables.

Ejercicio C. *Describa la reunión de los accionistas, poniendo estas oraciones en el pasado.*

MODELO   Es posible que no estén todos.
Era posible que no estuvieran todos.

      Copyright © 1992 by Holt, Rinehart and Winston, Inc. All rights reserved.

18.5 *Usted va a escuchar los mandatos de un jefe de oficina. Describa sus mandatos.*

MODELO   Jefe: Mario, vaya a mi oficina.
                El jefe mandó que Mario fuera a su oficina.

18.6 *Saúl el Sospechoso duda de todo. ¿Cómo reaccionó Saúl a lo que Ana dijo?*

MODELO   Ana dijo que Raúl había vuelto.
                Saúl dudaba que Raúl hubiera vuelto.

III.   VOCABULARIO

Ejercicio A. *Escoja la oración que más equivale a la oración que usted va a escuchar.*

1.   a. Me iré mañana para que el médico pueda viajar.
        b. El médico dirá mañana que puedo viajar.
        c. Me iré mañana con tal de que el médico diga que puedo viajar.
        d. No me iré antes de que el médico haga su viaje.

2.   a. No iré al médico hasta que usted me examine los ojos.
        b. Iré al cine con tal de que el médico me dé permiso.
        c. Voy al médico a fin de que me examine los ojos.
        d. No quiero que nadie excepto el médico me examine los ojos.

3.   a. Salí del hospital en cuanto los médicos me dieron permiso.
        b. No salí del hospital porque los médicos no me dieron permiso.
        c. Saldré del hospital cuando los médicos me den permiso.
        d. Los médicos salieron del hospital tan pronto como pudieron.

4.   a. Pepito no juega al fútbol con su mamá.
        b. Pepito no jugará al fútbol sin que su mamá se lo permita.
        c. La mamá de Peptio no permitirá que su hijo juegue al fútbol.
        d. Pepito jugará al fútbol hasta que su mamá no se lo permita.

5.   a. Nadie toma antibóticos si no está enfermo.
        b. Nadie necesita antibióticos excepto el médico.
        c. Se debe tomar antibióticos antes de ver al médico.
        d. Nadie debe tomar antibióticos sin que tenga una receta médica.

Ejercicio B. *Escoja la expresión que más equivale a la expresión que va a escuchar.*

1.   a. temperatura alta
        b. náuseas
        c. influenza
        d. aventura romántica

Copyright © 1992 by Holt, Rinehart and Winston, Inc. All rights reserved.

2.   a. estar encinta
        b. estar resfriado
        c. quedar flaco
        d. necesitar una operación

3.   a. tener una pierna rota
        b. hacer ejercicio
        c. tener un bebé
        d. salir de una depresión

4.   a. jarabe
        b. inyección
        c. comprimido
        d. vacuna

5.   a. órgano de la respiración
        b. órgano asociado con la digestión
        c. órgano que se toca en las grandes catedrales
        d. órgano asociado con el sistema circulatorio

IV. COMPRENSIÓN AUDITIVA

Escuche la lectura.

Ahora escuche la lectura párrafo por párrafo e indique si las oraciones son verdaderas o falsas.

1. v f	4. v f	7. v f	10. v f
2. v f	5. v f	8. v f	11. v f
3. v f	6. v f	9. v f	12. v f

V.   DICTADO

Escriba las oraciones. Cada oración se dice dos veces.

1._____

_____

2._____

_____

3._____

_____

4._____

_____

5._____

_____

Copyright © 1992 by Holt, Rinehart and Winston, Inc. All rights reserved.

Capítulo diecinueve
Las comunidades hispanas en los Estados Unidos

I.   **SEGUNDA VISTA:**   Los complementos pronominales

Ejercicio A. *Conteste las preguntas en afirmativo, sustituyendo un pronombre por el complemento directo (§7.1 y §7.2).*

MODELO   ¿Compraste la camisa que querías?
                Sí, la compré.

Ejercicio B. *Complete las oraciones con una frase de clarificación o de énfasis para los complementos pronominales (§7.6, §8.3 y §8.4).*

MODELO   Te mandé una carta ...
                Te mandé una carta a ti.

Ejercicio C. *Cambie la oración según la nueva frase de clarificación o de énfasis (§7.6 y §8.4).*

MODELO   Le vendieron la casa a Miguel. (a mí)
                Me vendieron la casa a mí.

Ejercicio D. *Germán el Generoso le dio algo a todo el mundo. Conteste las preguntas siempre con Germán y con dos complementos pronominales (§9.2).*

MODELOS   ¿Quién le dio ese reloj a Juana?
                Germán se lo dio.

                ¿Quién te dio esas medias?
                Germán me las dio.

II.   **GRAMÁTICA**

19.1   *Marisela está recordando una excursión que hizo con varios amigos. Ponga las oraciones en el pasado, empezándolas con las palabras indicadas, para ver lo que pasó.*

MODELO   Creo que todos cabrán en el coche. / creía
                Creía que todos cabrían en el coche.

Copyright © 1992 by Holt, Rinehart and Winston, Inc. All rights reserved.   319

19.2 *Varios estudiantes que acaban de graduarse están hablando de lo que habría pasado sin la ayuda de ciertas personas. ¿Qué dicen?*

MODELO   sin mis padres / yo / no graduarme
Sin mis padres yo no me habría graduado.

19.3 **Ejercicio A.** *Ud. trabaja en la oficina de matriculación de su universidad. Cambie los pedidos a continuación al condicional para indicar mayor cortesía.*

MODELO   Miguel, ¿puedes prestarme tu pluma?
Miguel, ¿podrías prestarme tu pluma?

Ejercicio B. *Usted está pidiendo favores a varias personas. Usando **quisiera** o **quisiéramos**, suavice las oraciones a continuación.*

MODELO   Miguel, quiero que vengas mañana.
Miguel, quisiera que vinieras mañana.

19.4 **Ejercicio A.** *Cambie las oraciones según las indicaciones. Observe que el ejercicio se trata de oraciones en el pasado que se convierten al presente.*

MODELO   Me sorprendió que Ud. no viniera. / me sorprende
Me sorprende que usted no venga.

Ejercicio B. *Cambie las oraciones según las indicaciones. Observe que este ejercicio se trata de oraciones en el presente que se convierten al pasado.*

MODELO   Dudo que Marta tenga tiempo. / dudaba
Dudaba que Marta tuviera tiempo.

19.5 **Ejercicio A.** *Usando **darse cuenta de**, describa lo que pasó en un episodio de telenovela ayer.*

MODELO   Rosa / que su esposo tenía una querida
Rosa se dio cuenta de que su esposo tenía una querida.

Copyright © 1992 by Holt, Rinehart and Winston, Inc. All rights reserved.

Ejercicio B. *Seleccione un motivo entre las opciones a continuación para explicar la conducta de la gente.*

MODELO ... Miguel no compró un condominio.

      a. Como no tenía dinero,
      b. Como España ganó el partido,

      Como no tenía dinero, Miguel no compró el condominio.

1. a. Como Mario no estaba enamorado locamente de ella,
   b. Como Mario era un novio ideal,

2. a. Como hacía mal tiempo,
   b. Como hacía mucho sol,

3. a. Ya que no se había graduado,
   b. Ya que no tenía dinero para matricularse,

4. a. Ya que adoramos esta casa,
   b. Ya que Gumersinda y Don Tremendón serán nuestros vecinos,

5. a. Como no tenía nada que hacer,
   b. Como mi televisor estaba descompuesto,

Ejercicio C. *Complete las oraciones con **cada vez más** o **cada vez menos**.*

MODELO Como Miguel estudia mucho, está ... informado.
      Como Miguel estudia mucho, está cada vez más informado.

19.6 **Ejercicio A.** *Describa lo que va a pasar esta noche en el Hotel Ritz poniendo las oraciones en el futuro con **va a***

MODELO Hay una reunión esta noche.
      Va a haber una reunión esta noche.

Ejercicio B. *Escoja de las opciones en su manual la oración que mejor equivale a la oración que va a escuchar.*

MODELO Es posible que haya una tormenta esta noche.

      a. Puede haber una tormenta esta noche.
      b. Debe haber una tormenta esta noche.

      Puede haber una tormenta esta noche.

1. a. Debe haber una ley contra la contaminación.
   b. Puede haber una ley contra la contaminación.

Copyright © 1992 by Holt, Rinehart and Winston, Inc. All rights reserved.

2.   a. Va a haber otra reunión.
     b. Tiene que haber otra reunión.

3.   a. Ha habido una recesión en dos años.
     b. Va a haber una recesión en dos años.

4.   a. Es posible que haya habido una revolución.
     b. Puede haber una revolución.

5.   a. Siempre habrá problemas.
     b. Siempre ha habido problemas.

III.   VOCABULARIO

Ejercicio A. *Escoja la respuesta correcta.*

1.   a. la aduana
     b. el certificado de nacimiento
     c. la licencia de manejar
     d. la planilla

2.   a. el vocero
     b. la ciudadana
     c. el funcionario
     d. el trámite

3.   a. la tarifa
     b. la multa
     c. la matrícula
     d. el complejo

4.   a. certificar
     b. compartir
     c. firmar
     d. poner un sello

5.   a. la aduanera
     b. la funcionaria
     c. el sinvergüenza
     d. el oficial

   Copyright © 1992 by Holt, Rinehart and Winston, Inc. All rights reserved.

Ejercicio B. *Indique qué expresión más se asocia con la expresión que Ud. va a escuchar.*

1. a. la aduana
    b. la multa
    c. el territorio
    d. la matriculación

2. a. el usuario
    b. la policía
    c. el soltero
    d. el refugiado

3. a. el sello
    b. el informante
    c. la multa
    d. la despedida

4. a. la beca
    b. el requisito
    c. la planilla
    d. la dirección

5. a. el vocero
    b. el partidario
    c. la planilla
    d. la multa

IV.   COMPRENSIÓN AUDITIVA

Escuche la conversación.

Ahora, escuche la conversación por partes e indique si las oraciones son verdaderas o falsas.

1. v f	4. v f	7. v f	10. v f
2. v f	5. v f	8. v f	11. v f
3. v f	6. v f	9. v f	12. v f

Copyright © 1992 by Holt, Rinehart and Winston, Inc. All rights reserved.

V.   DICTADO

Escriba las oraciones. Cada oración se dice dos veces.

1. _____

   _____

2. _____

   _____

3. _____

   _____

4. _____

   _____

5. _____

   _____

   Copyright © 1992 by Holt, Rinehart and Winston, Inc. All rights reserved.

Capítulo veinte
El amor y el desamor

I. **SEGUNDA VISTA:** Los demostrativos, las comparaciones y el superlativo

Ejercicio A. *Ponga en plural las oraciones que va a escuchar (§3.5 y §3.6).*

MODELO   Este artículo es más interesante que aquél.
Estos artículos son más interesantes que aquéllos.

Ejercicio B. *Haga una comparación de igualdad usando los adjetivos indicados (§3.5 y §4.4).*

MODELO   Inés / alta / Aida
Inés es tan alta como Aida.

Ejercicio C. *Haga una comparación de igualdad de sustantivos (§15.3).*

MODELO   Roberto tiene / trabajo / Ana
Roberto tiene tanto trabajo como Ana.

Ejercicio D. *Haga una comparación de igualdad de verbos en el pretérito (§15.3).*

MODELO   yo / trabajar / Ud.
Yo trabajé tanto como Ud.

Ejercicio E. *Haga una comparación del adjetivo o del adverbio dado. Note que las comparaciones de esta sección son irregulares (§15.3).*

MODELOS   Miguel trabaja / bien / Jorge
Miguel trabaja mejor que Jorge.

Estos coches son / buenos / aquéllos
Estos coches son mejores que aquéllos.

Ejercicio F. *Haga una oración en superlativo usando los elementos dados y siguiendo el modelo (§15.5).*

MODELO   Jorge / estudiante inteligente
Jorge es el estudiante más inteligente de todos.

Copyright © 1992 by Holt, Rinehart and Winston, Inc. All rights reserved.

II. GRAMÁTICA

20.1 **Ejercicio A.** *Fabia está soñando. ¿Qué dice?*

MODELO   tener dinero / hacer un largo viaje
Si yo tuviera dinero, haría un largo viaje.

Ejercicio B. *Conteste las preguntas según las indicaciones.*

MODELO   ¿Qué haría Zsa Zsa Gabor si fuera hombre? / casarse consigo misma
Si Zsa Zsa Gabor fuera hombre, se casaría consigo misma.

20.2 *Ud. es directora de una escuela secundaria y tiene que explicarles las reglas a los nuevos estudiantes. ¿Qué dice Ud.?*

MODELO   estudiar / salir bien
Si estudian, saldrán bien.

20.3 *Humberto está imaginando lo que habría hecho durante ciertos grandes momentos históricos. ¿Qué dice?*

MODELO   Napoleón en Elba / comprar un televisor a colores
Si yo hubiera sido Napoleón en Elba, habría comprado un televisor a colores.

20.5 **Ejercicio A.** *Don Tremendón cree que es una persona sumamente inteligente, guapo, musculoso, sexy, etc. Describa sus fantasías.*

MODELO   hablar / ser William F. Buckley
Habla como si fuera William F. Buckley.

Ejercicio B. *Describa un motivo hipotético para las acciones a continuación.*

MODELO   Gumersinda come / no comer en toda la vida
Gumersinda come como si no hubiera comido en toda la vida.

20.6 **Ejercicio A.** *Raquel está de vacaciones. ¿Qué dice?*

MODELO   el museo estar abierto
Ojalá que el museo esté abierto.

Ejercicio B. *Sebastián también está de vacaciones, pero no se está divirtiendo. ¿Qué dice?*

MODELO   no estar lloviendo
Ojalá que no estuviera lloviendo.

326

Copyright © 1992 by Holt, Rinehart and Winston, Inc. All rights reserved.

III. VOCABULARIO

Ejercicio A. *Escoja la palabra de la lista que mejor nombra la descripción que va a escuchar.*

1. a. un bautismo
    b. un cortejo
    c. una boda
    d. un cojín

2. a. la cortesía
    b. el cortejo
    c. la pareja
    d. la luna de miel

3. a. un descuido
    b. un beso
    c. un rival
    d. un asesino

4. a. Se deprimió.
    b. Se aguantó.
    c. Se declaró.
    d. Se descompuso.

5. a. Se pelearon.
    b. Se comprometieron
    c. Se olvidaron
    d. Se cartearon.

Ejercicio B. *Escoja la respuesta correcta.*

1. a. un rival
    b. un machista
    c. una tortura
    d. un cobarde

2. a. chocar
    b. comprometerse
    c. pelearse
    d. divorciarse

3. a. el asesinato
    b. el machismo
    c. el sexismo
    d. el egoísmo

Copyright © 1992 by Holt, Rinehart and Winston, Inc. All rights reserved.

4.   a. besarse
      b. abrazarse
      c. darse la mano
      d. comprometerse

5.   a. cobarde
      b. insoportable
      c. amistoso
      d. infiel

IV.   COMPRENSIÓN AUDITIVA.

Escuche la conversación.

Ahora, escuche la conversación por partes y termine las oraciones con la opción más lógica.

1.   a. su ex-novia.
      b. una amiga que no conoce a Teresa.
      c. una amiga que lo conocía a él y también a su ex-novia.
      d. una chica que se llama Teresa.

2.   a. su mamá.
      b. su ex-novia.
      c. una mujer divorciada.
      d. Marisa.

3.   a. le habían ofrecido un excelente trabajo en otra ciudad.
      b. estaba cansada de limpiar la casa y cuidar a los niños.
      c. quería hacer otra cosa y conocer a otra gente.
      d. se enamoró locamente del cartero.

4.   a. hay que impedir los cambios.
      b. la separación puede ser buena.
      c. las cosas siempre cambian.
      d. existe la posibilidad de una reconciliación.

5.   a. ya tiene otro novio.
      b. se fue porque no le gustaba el clima.
      c. no lo dejó por otro chico.
      d. se había separado de varios chicos antes de dejarlo a él.

6.   a. se cree indeseable.
      b. Teresa se le llevó la cartera.
      c. es un tipo depresivo.
      d. Marisela se le ha ido a otra ciudad.

Copyright © 1992 by Holt, Rinehart and Winston, Inc. All rights reserved.

7.   a. muchas novias.
       b. muchos amigos.
       c. un gran talento para perder a las novias.
       d. graves problemas con las mujeres.

8.   a. ir al médico para que lo cure.
       b. buscar otra novia inmediatamente.
       c. dejar que pase el tiempo hasta que otra persona se presente.
       d. cambiar su vida totalmente.

9.   a. el tiempo todo lo cura.
       b. no es malo hablar con un médico cuando uno está deprimido.
       c. el amor es una cosa zoológica.
       d. Rafael se ha dejado distraer demasiado de sus estudios.

10.   a. le resulta difícil seguir hablando de Teresa.
       b. tiene una cita con un compañero.
       c. quiere presentarse a otra persona.
       d. quiere llamar a Teresa para ver cómo anda.

V. DICTADO

Escriba las oraciones. Cada oración se dice dos veces.

1._____

_____

2._____

_____

3._____

_____

4._____

_____

5._____

_____

Copyright © 1992 by Holt, Rinehart and Winston, Inc. All rights reserved.

Capítulo gramatical suplementario

S.1 **Ejercicio A.** *Usando el tiempo futuro, haga oraciones equivalentes a las oraciones dadas.*

MODELO Juan está aquí probablemente.
Juan estará aquí.

Ejercicio B. *Conteste las preguntas con una conjetura, usando el tiempo futuro y la información dada.*

MODELO ¿Dónde está Miguel? / en la tienda
No sé. Estará en la tienda.

Ejercicio C. *Conteste las preguntas con una especulación, usando la información dada.*

MODELO ¿Quién consiguió las entradas? (Ana)
No sé. Las habrá conseguido Ana.

Ejercicio D. *Ud. está especulando sobre el estado de ánimo de varios amigos en una fiesta reciente. Siga el modelo.*

MODELO Victoria / estar enamorada de Pablo
Victoria estaría enamorada de Pablo.

S.2 **Ejercicio A.** *Conteste las preguntas con un mandato afirmativo de **nosotros**. Sustituya pronombres por los complementos si es posible.*

MODELO ¿Nos acostamos?
Sí, acostémonos.

Ejercicio B. *No hay que hacer hoy lo que se puede hacer mañana. Conteste las preguntas con un mandato negativo de **nosotros** que indica que Ud. no tiene ganas de hacer nada hoy. Sustituya pronombres por los complementos si es posible.*

MODELO ¿Pintamos la casa hoy?
No, no la pintemos hoy; pintémosla mañana.

S.3 *Responda a las preguntas con mandatos de **vosotros**.*

MODELO ¿Escribimos las cartas hoy?
No, no las escribáis hoy; escribidlas mañana.

Copyright © 1992 by Holt, Rinehart and Winston, Inc. All rights reserved.

S.4 *Complete las oraciones con **del que te hablé, de la que te hablé, de los que te** **hablé** o **de las que te hablé**.*

MODELOS   La familia ... se llama López.
La familia de la que te hablé se llama López.

Los chicos ... son estudiantes.
Los chicos de los que te hablé son estudiantes.

S.5   **Ejercicio A.** *¿Qué dice la doctora Sánchez? Combine las oraciones usando **los** **cuales** o **las cuales**.*

MODELO   Tengo muchos primos. Algunos de ellos viven en México.
Tengo muchos primos, algunos de los cuales viven en **México.**

Ejercicio B. *Usando **acerca del cual, acerca de la cual, acerca de los** **cuales** o **acerca de las cuales**, Raquel está describiendo sus experiencias en la Facultad de Medicina. ¿Qué dice?*

MODELO   Conocí a un joven ... hay mucho escándalo.
Conocí a un joven, acerca del cual hay mucho escándalo.

Ejercicio C. *Jorge está describiendo sus reacciones a una reciente estadía en el hospital. ¿Qué dice?*

MODELO   Me dieron tres inyecciones ... horrible.
Me dieron tres inyecciones, lo cual me pareció horrible.

Ejercicio D. Combine las oraciones con **cuyo, cuya, cuyos** o **cuyas**.

MODELO   Conozco a la señora. Su hijo está en el hospital.
Conozco a la señora cuyo hijo está en el hospital.

Copyright © 1992 by Holt, Rinehart and Winston, Inc. All rights reserved.

Clave: Cuaderno de laboratorio

Note: This section includes only those answers that are not confirmed on the laboratory tape. Your teacher has access to the entire tapescript and can make it available to you if needed.

Capítulo uno

Vocabulario

1. f.   2. v   3. f   4. v   5. v   6. f

Dictado

1. No es un libro; es un cuaderno.
2. Juan está fuera de la clase.
3. El ejercicio está dentro del libro.
4. El alumno está al lado de la ventana.
5. Ana es una alumna de la universidad también.

Capítulo dos

Comprensión auditiva

1. d   2. b   3. c   4. b   5. b   6. a   7. c   8. c   9. d

Dictado

1. Marisela es de Bolivia; es boliviana.
2. David es francés.
3. ¿De dónde eres tú--de México o de Guatemala?
4. Tengo un amigo muy inteligente que es de España.
5. Mi padre tiene cincuenta y tres años.

Capítulo tres

Comprensión auditiva

1. c   2. d   3. a   4. b   5. c   6. c

Dictado

1. Mis zapatos son negros y mis medias son azules.
2. Soy más alto que mi padre, pero menos alto que mi hermano.
3. Los coches coreanos son menos caros que los coches norteamericanos.

Copyright © 1992 by Holt, Rinehart and Winston, Inc. All rights reserved.

4. México es el país más poblado de Hispanoamérica.
5. La sociología no es tan difícil como la química orgánica.

Capítulo cuatro

Comprensión auditiva

1. f   2. f   3. f   4. v   5. f   6. f   7. f   8. f   9. v   10. f

Dictado

1. Muy pocos estudiantes llegan tarde a clase.
2. El sábado voy al centro para comprar ropa.
3. En la biblioteca, algunos estudiantes estudian pero otros charlan con sus amigos.
4. Mis amigos y yo vamos a la playa durante el verano.
5. Ana toma café con su amiga Rosa en un pequeño restaurante.

Capítulo cinco

Comprensión auditiva

1. f   2. f   3. v   4. f   5. v   6. f   7. f   8. v   9. f

Dictado

1. Los niños no deben comer demasiados dulces.
2. Sebastián tiene que lavar platos esta noche.
3. Vamos a ver una nueva pelicula mañana.
4. Voy a clase para aprender y también para estar con mis amigos.
5. ¿Quién viene a cenar el sábado?

Capítulo seis

Vocabulario

Ejercicio A
1. Raúl y Roberto juegan al fútbol.
2. Isabel pone el radio.
3. Teresa toca el violín.
4. Marco juega al tenis.
5. Roberto juega con Raúl.

Ejercicio B

1. Toca el violín.
2. Juega al tenis.
3. Juegan al fútbol.

     Copyright © 1992 by Holt, Rinehart and Winston, Inc. All rights reserved.

4. Pone el radio.
5. Juega con Raúl.

Compresión auditiva

1. c 2. d 3. b 4. c 5. b 6. d 7. d

Dictado

1. Se hacen muchas películas en España.
2. Escribimos dos composiciones por mes.
3. No va nadie al teatro los lunes porque está cerrado.
4. Ninguno de mis amigos juega al boliche.
5. Pienso que la primera funcion comienza a las siete.

Capítulo siete

Comprensión auditiva

1. b 2. c 3. d 4. d 5. c 6. b 7. b 8. d

Dictado

1. No puedo pintar la casa ahora porque hace demasiado calor.
2. Miguel quiere conocerlos a Uds.
3. Mi casa tiene tres dormitorios, una sala, dos baños y un comedor.
4. El alquiler incluye la calefacción y el agua caliente.
5. Marisela tiene que regar las flores que están en su jardín.

Capítulo ocho

Vocabulario

Ejercicio A. 1. d 2. a 3. b 4. a 5. c

Ejercicio B. 1. c 2. a 3. b 4. c 5. c

Comprensión auditiva

1. v 2. f 3. f 4. f 5. f 6. v 7. f 8. f 9. v 10. f 11. f 12. v

Dictado

1. Voy a mandarte una carta manaña.
2. Estamos aprendiendo a usar la computadora.
3. Tengo ganas de pedirle un aumento a mi jefe.
4. Los alumnos están leyendo la lectura del capítulo ocho.
5. El trabajo de un librero consiste en vender libros.

Copyright © 1992 by Holt, Rinehart and Winston, Inc. All rights reserved.

Capítulo nueve

Vocabulario

Ejercicio A 1. a   2. d   3. b   4. c   5. c

Ejercicio B 1. a   2. c   3. a   4. d   5. a

Ejercicio C 1. c   2. b   3. b   4. d   5. c   6. c   7. c   8. b   9. b   10. c

Comprensión auditiva

1. f   2. v   3. f   4. v   5. v   6. v   7. f   8. f   9. v   10. v   11. v   12. f

Dictado

1. A nosotros nos hace falta una computadora más moderna.
2. Josefina quiere preguntar cuánto cuestan los televisores.
3. ¿Vas a pagar al contado o con tarjeta de crédito?
4. A mis padres les gusta mucho ir a las liquidaciones.
5. Me duele toda la pierna izquierda.

Capítulo diez

Vocabulario

Ejercicio A 1. c   2. a   3. c   4. b   5. a

Ejercicio B 1. c   2. b   3. d   4. c   5. d

Comprensión auditiva

1. f   2. f   3. v   4. f   5. f   6. f   7. f   8. v   9. f   10. v   11. f   12. f

Dictado

1. Isabel era la reina de España cuando Colón descubrió América.
2. Yo vivía en Colombia cuando tenía catorce años.
3. Cuando éramos jóvenes, nadie iba a la escuela los fines de semana.
4. María necesitaba hacerle una pregunta a su profesor de historia.
5. Hace cuatro años que Ana conoció a su novio.

Capítulo once

Vocabulario

1. a   2. b   3. c   4. d   5. c   6. d   7. d   8. a   9. b   10. c

   Copyright © 1992 by Holt, Rinehart and Winston, Inc. All rights reserved.

Comprensión auditiva

1. v   2. f   3. v   4. f   5. f   6. v   7. f   8. v   9. f   10. f

Dictado

1. Isabel era la reina de España cuando Colón descubrió América.
2. Yo vivía en Colombia cuando tenía catorce años.
3. Cuando éramos jóvenes, nadie iba a la escuela los fines de semana.
4. María necesitaba hacerle una pregunta a su profesor de historia.
5. Hace cuatro años que Ana conoció a su novio.

Capítulo doce

Vocabulario

Ejercicio A 1. d   2. c   3. d   4. c   5. c

Ejercicio B 1. a   2. b   3. b   4. d   5. c

Comprensión auditiva

1. a   2. b   3. b   4. a   5. c   6. b   7. b   8. a   9. d   10. b

Dictado

1. Mi abuela vio a su primer nieto el año pasado.
2. Mis hijos nos trajeron un regalo especial para nuestro aniversario.
3. Mi cuñado es el yerno de mi abuela.
4. Mi tía tuvo un bebé ayer así que tengo otro primo.
5. Vinieron mis suegros a las bodas de mi hijo.

Capítulo trece

Vocabulario

Ejercicio A 1. c   2. a   3. c   4. b   5. b

Ejercicio B 1. a   2. d   3. d   4. b   5. d

Comprensión auditiva

1. v   2. v   3. v   4. f   5. f   6. v   7. f   8. v   9. f   10. v 11. f 12. f

Dictado

1. Casi toda la gente que piensa divorciarse se separa primero.
2. Hace un año que me gradué de la secundaria.
3. Se enojó el policía cuando Gumersinda no quiso seguir sus instrucciones.

Copyright © 1992 by Holt, Rinehart and Winston, Inc. All rights reserved.

4. Mario se enfermó el año pasado, pero se curó gracias a una operación.
5. Juan y Rafael se convirtieron al catolicismo cuando eran jóvenes.

Capítulo catorce

Vocabulario

Ejercicio A 1. c   2. a   3. d   4. d   5. c

Ejercicio B 1. b   2. a   3. b   4. d   5. b

Comprensión auditiva

1. c   2. c   3. b   4. d   5. b   6. b   7. b   8. b

Dictado

1. Todos queremos que haya menos contaminación del ambiente.
2. Nos alegramos de que Ud. sea nuestra presidenta.
3. Es imposible que todos Uds. estén de acuerdo conmigo.
4. La Sra. López espera que vayamos a la reunión en su casa.
5. Ojalá que los senadores sepan lo que están haciendo.

Capítulo quince

Vocabulario

Ejercicio A 1. c   2. d   3. a   4. c   5. c

Ejercicio B 1. d   2. c   3. d   4. c   5. d

Comprensión auditiva

1. v   2. f   3. f   4. v   5. f   6. v   7. v   8. f

9. f   10. v   11. v   12. f   13. v   14. f   15. v

Dictado

1. San Francisco era uno de los frailes más importantes de la historia.
2. Compré la camisa roja en vez de la azul.
3. Cuando éramos niños, de vez en cuando íbamos al templo.
4. Varios amigos míos se han hecho sacerdotes.
5. Hay que defender la libertad de culto.

Capítulo dieciséis

Vocabulario

338

Copyright © 1992 by Holt, Rinehart and Winston, Inc. All rights reserved.

Ejercicio A 1. c 2. d 3. b 4. c 5. c

Ejercicio B 1. d 2. a 3. d 4. a 5. d

Comprensión auditiva

1. v 2. v 3. f 4. v 5. v 6. v 7. f 8. v 9. v 10. f 11. f 12. v

Dictado

1. Nunca he visto un personaje tan interesante.
2. El locutor ha dicho que el programa se ha cancelado.
3. El padre del protagonista ha muerto.
4. La novela *Drácula* se trata de un conde que también es vampiro.
5. Las reseñas de esa novela han sido muy buenas.

Capítulo diecisiete

Vocabulario

Ejercicio A 1. b 2. b 3. b 4. b 5. a

Ejercicio B 1. d 2. d 3. b 4. c 5. c

Comprensión auditiva

1. d 2. a 3. c 4. a 5. c 6. a 7. a 8. d 9. a 10. b

Dictado

1. No todos aceptan el control de la natalidad.
2. En el futuro, tendremos que luchar para proteger el ambiente.
3. Siempre habrá algunas personas analfabetas.
4. La explosión demográfica está relacionada con el nivel de vida.
5. Esas palabras fueron dichas por uno de mis profesores.

Capítulo dieciocho

Vocabulario

Ejercicio A 1. c 2. c 3. a 4. b 5. d

Ejercicio B 1. a 2. b 3. c 4. c 5. a

Comprensión auditiva

1. f 2. v 3. f 4. v 5. v 6. v 7. f 8. v 9. f 10. f 11. v 12. v

Copyright © 1992 by Holt, Rinehart and Winston, Inc. All rights reserved.

Dictado

1. El médico me dijo que guardara cama un par de días.
2. Mandé a Pepito a la farmacia para que me trajera unas gotas.
3. Yo dudaba que mi amigo tuviera hepatitis.
4. Te daré el teléfono de mi consultorio en caso de que no me encuentres en casa.
5. Mi tía se quedará en casa hasta que se sienta mejor.

Capítulo diecinueve

Vocabulario

Ejercicio A 1. a   2. d   3. d   4. b   5. c

Ejercicio B 1. a   2. b   3. a   4. d   5. c

Comprensión auditiva

1. f   2. v   3. f   4. f   5. v   6. v   7. v   8. f   9. f   10. f   11. f   12. v

Dictado

1. El policía me puso una multa porque había estacionado mal mi coche.
2. Quisiera que Ud. me ayudara a llenar este formulario.
3. Sin un certificado de nacimiento, no habría podido matricularme.
4. Debiera Ud. firmar aquí al lado del sello.
5. En la comisaría me renovaron mi licencia de manejar.

Capítulo veinte

Vocabulario

Ejercicio A 1. c   2. d   3. b   4. c   5. a

Ejercicio B 1. c   2. b   3. a   4. d   5. c

Comprensión auditiva

1. c   2. b   3. c   4. c   5. c   6. a   7. b   8. c   9. a   10. b

Dictado

1. Si no estuviera trabajando, me gustaría pasar todo el día en la cama.
2. Si te enamoras antes de graduarte, no te cases sin pensar las cosas bien.
3. Nos abrazamos como si fuéramos viejos amigos.
4. Si Colón no hubiera tenido el apoyo de los Reyes Católicos, no habría hecho su primer viaje al nuevo mundo.
5. Mi novio hablaba como si no hubiera pasado nada.

Copyright © 1992 by Holt, Rinehart and Winston, Inc. All rights reserved.